TIYU
KECHENG
SIZHENG
SHIYONG
ANLI
JIAOCHENG

主编 朱建刚

体育课程思政
实用案例教程

苏州大学出版社
Soochow University Press

图书在版编目（CIP）数据

体育课程思政实用案例教程 / 朱建刚主编. -- 苏州：苏州大学出版社, 2024. 10. -- ISBN 978-7-5672-4974-5

Ⅰ. G807.4；G641

中国国家版本馆 CIP 数据核字第 2024LF6766 号

书　　名：	体育课程思政实用案例教程
主　　编：	朱建刚
责任编辑：	施小占
装帧设计：	吴　钰
出版发行：	苏州大学出版社（Soochow University Press）
社　　址：	苏州市十梓街 1 号　邮编：215006
印　　刷：	镇江文苑制版印刷有限责任公司
邮购热线：	0512-67480030
销售热线：	0512-67481020
开　　本：	787 mm×1 092 mm　1/16　印张：10.5　字数：249 千
版　　次：	2024 年 10 月第 1 版
印　　次：	2024 年 10 月第 1 次印刷
书　　号：	ISBN 978-7-5672-4974-5
定　　价：	48.00 元

图书若有印装错误，本社负责调换
苏州大学出版社营销部　电话：0512-67481020
苏州大学出版社网址　http://www.sudapress.com
苏州大学出版社邮箱　sdcbs@suda.edu.cn

序 preface

  思政课是落实立德树人根本任务的关键课程和重要途径,是构建全员全程全方位育人大格局的关键环节。党的十八大以来,以习近平同志为核心的党中央高度重视思政课建设,做出一系列重大决策部署,各地区各部门和各级各类学校采取有力措施认真贯彻落实,思政课建设取得显著成效。思政课建设事关"培养什么人、怎样培养人、为谁培养人"这一根本问题。因此,在实现中华民族伟大复兴、建设教育强国和体育强国的征程中,必须切实增强办好思政课的信心,每个教育工作者务必深刻认识思政课的重要性,并在教学中一以贯之。

  习近平总书记在全国高校思想政治工作会议上指出:"要用好课堂教学这个主渠道,思想政治理论课要坚持在改进中加强,提升思想政治教育亲和力和针对性,满足学生成长发展需求和期待,其他各门课都要守好一段渠、种好责任田,使各类课程与思想政治理论课同向同行,形成协同效应。"体育,作为"德智体美劳"五育的重要组成部分,在高校思想政治教育中具有独特的教育价值和育人功能。体育是以身体实践为载体的育人方式,具有参与性和具身性等特点,无论是课堂教学还是训练比赛,其中蕴含的规则意识、竞争观念、团队精神等,都是现代课程思政所急需的元素。因此,高校教育必须高度重视体育课程的育人价值,通过课程思政促使体育人守好自己的责任田。

  当前,学术界围绕"体育课程思政怎么做、做什么"的话题展开了十分热烈的讨论,专家学者在理论层面给出了很多的意见和指导,但在实际操作落地上,很多教师又无从下手,理论探讨与实际操作存在不小的差距。通常来讲,体育课程思政可以分为两个层面:一个层面是体育运动自带的育人价值,如团结拼搏、顽强意志、追求卓越、遵守规则等,这些价值都是在体育运动过程中自我体验的,它们是不用通过语言表达就可得到的价值;另一个层面是体育运动或体育运动的某个事件所隐含的价值,它们是要通过讲述人描述、提炼、总结,上升到一定高度形成思政价值点,逐渐被人接受的育人价值。

  本书分为上下两篇,意图从体育课程思政的上述两个层面分别阐述部分体育课程的育人价值和某人物或某事件的思政价值点。上篇选择了12门课程,从课程的特点出发,梳理了各课程的育人价值,由12位专项运动教师分别撰写。在撰写过程中,虽然各课程有很多共同的育人价值,如团结拼搏、顽强意志、追求卓越、遵守规则等,但与课程的特点结合,各课程又有了自身鲜明而独特的育人价值。因此,我们在编写过程中没有做太大的改动，尽量保留了项目撰写者的原意，希望能让专项运动教师在教学参考中完整地了解项目的育人价值。下篇在学院层面通过师生案例征集的方式，在数百个案例中精心选择了 53 个具有代表性的典型案例，经过分类分别编入 10 章，便于使用者查找参考。在案例编写过程中，我们在案例文本描述简洁性、思政价值直接性两个方面下足功夫，力图让使用者在课堂教学案例运用中做到拿来即可用，增强体育课程思政的实用性。

本书是苏州大学体育学院师生集体智慧的结晶。上篇的 12 章对应的撰写者分别是刘昌亚（田径）、袁益民（体操）、王茜（篮球）、靳宝铭（排球）、邱林（足球）、吴松（武术）、杨青（乒乓球）、龚肖奕（羽毛球）、黄鹏（网球）、陈瑞琴（健美操）、陈钢（游泳）、杨敢峰（短兵）；下篇的案例均由学院师生采编，采编案例均来自央视网、人民网等权威媒体，经适当改编加工而成。在本书的编写过程中，王荷英、王妍、杨青、陶小娟四位老师对所有篇章分别进行了审核和修改，为本书的呈现付出了大量精力。在此，对为本书编写工作做出贡献的所有撰写者、编写者和审核人一并表示感谢！

体育课程思政价值的归纳和提炼只是一个开始，充分发挥体育的育人价值，关键要靠广大体育教育工作者在教学、训练过程中的主动运用。一句勉励语、一段激励话、一个小要求，都能在青少年学习成长中播下完善品格的种子。我们编写本书的目的主要是给广大体育教育工作者在体育的育人价值上进行归纳引导，体育的思政元素无处不在，体育的育人价值无时不有，远不止本书中呈现的这些。我们的工作只是抛砖引玉，希望广大体育教育工作者在实际教学中能够推陈出新，不断提高学生的思想水平、政治觉悟、道德品质、文化素养，让学生成为德才兼备、全面发展的人才。

导论 / 001

上篇　体育课程思政教学实践

第一章　田径课程中的思政元素及教学运用　/ 007

第二章　体操课程中的思政元素及教学运用　/ 016

第三章　篮球课程中的思政元素及教学运用　/ 024

第四章　排球课程中的思政元素及教学运用　/ 032

第五章　足球课程中的思政元素及教学运用　/ 039

第六章　武术课程中的思政元素及教学运用　/ 048

第七章　乒乓球课程中的思政元素及教学运用　/ 056

第八章　羽毛球课程中的思政元素及教学运用　/ 063

第九章　网球课程中的思政元素及教学运用　/ 069

第十章　健美操课程中的思政元素及教学运用　/ 077

第十一章　游泳课程中的思政元素及教学运用　/ 086

第十二章　短兵课程中的思政元素及教学运用　/ 092

下篇　体育课程思政案例

第一章　田径课程思政案例 / 103

第二章　体操课程思政案例 / 118

第三章　篮球课程思政案例 / 124

第四章　排球课程思政案例 / 131

第五章　足球课程思政案例 / 134

第六章　武术课程思政案例 / 138

第七章　乒乓球课程思政案例 / 140

第八章　网球课程思政案例 / 145

第九章　游泳课程思政案例 / 148

第十章　其他体育课程思政案例 / 151

导论 Introduction

2018年9月10日，习近平总书记在全国教育大会上指出，要努力构建德智体美劳全面培养的教育体系，形成更高水平的人才培养体系。要把立德树人融入思想道德教育、文化知识教育、社会实践教育各环节，贯穿基础教育、职业教育、高等教育各领域，学科体系、教学体系、教材体系、管理体系要围绕这个目标来设计，教师要围绕这个目标来教，学生要围绕这个目标来学。凡是不利于实现这个目标的做法都要坚决改过来。所有的工作都要围绕立德树人这个核心。

体育不是思想政治理论课程，但体育运动自身具备特有的育人功能。体育可以加深练习者对生命的理解和对生活的热爱，教会练习者如何在规则的约束下赢得胜利、如何正确地面对失败，帮助其形成更完整的人格。

1917年，蔡元培先生在"爱国要培养完全的人格"的演讲中首次提出"完全人格"的概念。他认为，完全人格的形成，首先需要的是体育。次年，他又把"完全人格"解读为"健全人格"，他认为有四个"育"才能让人形成健全人格——体育、智育、德育、美育。体育，仍然是第一位，而且着重点应该落在"育"上。他说，"以体育人"是指通过体育锻炼在孩子们心中树立正确的价值观，用体育锻炼的方式去引导教育其成长成才。

体育具有通过各种活动培养一个人的优秀品质和优良作风的功能，这种特殊功能是其他学科和活动所不可比拟的。人在从事体育活动，尤其是参加运动竞赛时，情绪往往兴奋高涨，其潜在的品质和思想作风最易真实地表现出来，而规则、裁判、道德、精神文明规范等都是有效的教育措施，且这种教育过程是在极为自然、生动活泼的活动中进行的，所以一般都会收到较好的效果。运动场上不仅可以培养良好的体育道德和顽强的意志品质，还可以培养遵守纪律、服从裁判、以礼待人、顾全大局等优良作风，这些对学生优秀品质的培养都起着积极的作用。

一、体育锤炼坚毅品格

从练习一个运动项目到取得成功，是没有捷径的，需要坚持不懈的训练。例如，我们学习某个运动项目中的某项技术，从开始学习到熟练掌握，要经过成千上万次的反复练习。乒乓球的弧圈球技术、羽毛球的网前搓球技术、篮球的体前变向过人技术、足球的颠球技术、排球的上手发球技术等看似简单，但在练习者漂亮完美的技术背后往往是不断重复的一次又一次的枯燥练习，这是一个可贵的毅力培养过程，练习者通过这些经历，在人生路上其意志会更加坚定，面对艰险不害怕，面对失败不灰心。

以跑步为例，看似简单，但很多人难以坚持，没有坚定的意志，很难一次又一次完成中长距离的超越。这是因为人在强度较大、持续时间较长的剧烈运动中，由于运动开始阶段内脏器官的活动不能满足运动器官的需要，常常出现一些非常难受的生理反应，如呼吸困难、胸闷、头晕、心率剧增、肌肉酸软无力、动作迟缓不协调，甚至产生停止运动的念头，这种机能状态称为"极点"。"极点"的产生，主要是由内脏器官的惰性造成的。因为人体从相对安静状态到剧烈运动，四肢肌肉能迅速适应，进入工作状态，但内脏器官，如呼吸系统、循环系统等，都不能很快发挥其最高的机能水平，从而造成体内缺氧，大量的乳酸和二氧化碳积聚，使植物神经中枢和躯体性神经中枢之间的协调遭到暂时破坏。"极点"在体育运动中是一种正常的生理现象，它与训练水平、运动前的准备活动有关，经常参加锻炼的人，"极点"出现得晚，持续时间短，身体反应也较轻；反之，"极点"出现得早，持续时间长，身体反应得也较重。"极点"出现后，意志不坚定的人就会终止运动，而意志坚毅的人会继续保持运动，直至逐渐克服"极点"，这也正是体育要培养的坚毅品质。

二、体育培育团结协作精神

俗话说："同心山成玉，协力土变金。"现如今，社会更注重的是人与人之间的团结协作。篮球、排球、足球……许多体育运动都是以团队形式进行比拼的。

团队精神是在团体凝聚力和团体合作的概念上发展起来的，在体育比赛中，其表现是团队的全体成员（教练、队员等）为了使本队在比赛中获胜，有意识地在团队的训练、比赛等各种活动中，把团队的整体利益置于个人利益之上，通过相互配合、相互激励，团队整体的潜能得到最大限度的发挥。就实质而言，团队精神是一个由奋斗目标诱发的主动性的群体思想行为。与团体凝聚力和团体合作相比，团队精神更强调通过主动地调节团队内部的矛盾和行为，来争取团队目标的实现。如何培养优秀的团队精神，已成为当今竞技体育训练和比赛不可缺少的重要组成部分。

在体育运动中，我们会发现自己的强项。有的人领导能力显著，有的人协调能力突出，有的人表达能力优秀，等等。大家相互协作，实现目标，更相互学习，保持积极向上的状态。体育运动中的团队合作，为练习者的未来奠定了基础。团队共同锻炼、共同输赢，为了一个目标去努力，并且互相鼓励和支持，这些都让团队成员更加积极、愿意信任他人，这在越来越多的工作和学习都需要合作完成的当下极为重要。

中国女排从1981年首夺世界冠军，到2016年梦圆里约奥运会，35年间，一支球队的团结拼搏之路，成为几代人共同的成长记忆。一些特殊的历史时刻总会让人刻骨铭心。1981年在大阪，中国女排首夺世界冠军，站在了梦想的起点；1984年在洛杉矶，她们首次夺得奥运金牌，实现世界大赛"三连冠"；2004年在雅典，她们时隔20年再夺奥运金牌，重现辉煌；2016年在里约，她们逆境突围，让深植人们心中的女排情结再次燃烧……

以祖国至上、团结协作、顽强拼搏、永不言败为核心的女排精神成为整整一代人的精神寄托。曾经作为队员亲历夺冠，后又以主教练身份率队问鼎的"铁榔头"郎平说："女排精神就是一种团队精神，特别是遇到困难、不顺的时候永不放弃。"

三、体育培养竞争和规则意识

现代社会的竞争相当激烈，努力培养自己的竞争意识和提高自己的竞争能力是每个人必备的素质。竞争所倡导的是自己坚持不懈的努力，不甘平庸、不畏艰险、不怕失败，不断进取、超越自我，充分挖掘自己的潜能，使自己在未来的工作和生活中收获成功。

体育竞赛是一种直接的竞争表现形式。竞争双方或竞争对手聚集在一起，以一种明确的方式进行激烈的竞争，在较短的一定时间内，每一场竞争的结果就表现出来。每一场胜利都给胜利者带来喜悦，给失败者带来下一场获胜的渴望，能极大地激发人的斗志和不服输的精神。它有利于培养参与者的竞争意识。

没有规则，就没有体育运动。无论是谁，要想进行体育运动，必须遵守相应的项目规则。通过体育运动，将"遵守规则"的意识传递给练习者，使规则意识逐渐成为练习者的一种下意识行为，这是体育无可比拟的先天优势。在现实生活中，遵守规则是社会稳定和安全的保证。通过体育运动这种比较自然的方式，帮助练习者习惯并接受、遵守规则，提高练习者的社会适应能力和道德规范，并逐步将这种行为准则融入练习者的思维，培养练习者的规则意识，让其成为练习者自身的一种行事准则和行为习惯。体育运动在这一方面大有可为。

四、体育崇尚尊重

体育要求竞争但也崇尚尊重，体育比赛一般都提倡尊重裁判、尊重观众、尊重教练、尊重同伴，更提倡尊重对手。

林丹与李宗伟，在赛场上，他们拼尽全力，希望战胜对手。赛后，他们又惺惺相惜，相拥祝福。不管谁输谁赢，他们都会向对方表达敬意：李宗伟感谢林丹，"他是最伟大的对手"；林丹感谢李宗伟，"这样的竞技水平对得起彼此"。

在人生漫漫长征路上，对手是同行者，也是挑战者，他们或许是有形的，或许是无形的，有实际存在的，也有精神上的；是他们将我们的人生装扮，是他们将我们的心灵改变，是他们将我们的微笑展露，也是他们将我们的泪痕擦干。没有岩石的拦阻，哪能激起美丽的浪花，美丽的红花下面总有静默的绿叶，蔚蓝的天空中总有朵朵白云，每个成功背后都有无数汗水和血泪，每个强者背后也总有一帮顽强的对手。

让我们学会感谢对手吧！正是他们让我们认识到自己的缺点和不足，才会激发我们的潜力和潜能，才会激励我们不断成长与进步，才会迫使我们奋勇前进、勇攀高峰！

五、体育是挫折教育的良方

2012年，伦敦奥运会的口号是"激励一代人"。当时，有记者询问奥组委，体育是怎样激励一代人的？它激励了一代人什么？奥组委负责人说，首先体育教会孩子们如何在规则的约束下去赢，接下来教会孩子们如何体面并且有尊严地输。我们通常都是在教孩子如何努力取得成功，但缺失了教他们如何面对失败这堂课。再努力的练习也会有人比你更好，再努力的比赛也会有输的时候。胜利让我们获得荣耀，而失败更能教会我们成长。输并不可怕，但输了之后学会勇敢面对，才是有尊严地输。

体育运动可以从长远和宏观的角度重塑人内在的自我统一性，是一种可以为练习者带来鼓励和唤醒的挫折教育。任何体育运动都是充满刺激和悬念的，并且没有永远的胜利者和失败者。挫折—奋斗—成功—再挫折—再崛起的过程，是每一个练习者不断前进的心路历程，在这跌宕起伏的过程中，练习者培养了强大的心理抗压能力。

六、体育培养和提升钻研能力

体育运动并不像看起来那样只需要体力,想要入门,练习者需要积极钻研和自我调整:我哪里没有做好,怎样才能达到效果,我要如何变得更强。在一些球类运动中,更是需要不停钻研来提高成绩和赢得比赛。而这个过程大大提高了练习者的钻研能力,调动了其自我反思的积极性。

1984年7月29日,对于许海峰和中国体育而言,都是一个值得铭记的日子。在当天举行的洛杉矶奥运会男子自选手枪慢射比赛中,许海峰以566环的成绩夺冠。这枚金牌,为中国实现了奥运金牌"零的突破",为中国体育翻开了崭新一页,也代表中国体育健儿向世界发出了勇攀高峰的豪迈宣言。

对于自己的职业生涯,许海峰总结的经验是热爱与钻研缺一不可。他说:"工作这事,如果不热爱,干脆就别做。踏踏实实学习研究,踏踏实实干事,再大的困难都能解决。"

古希腊哲学家柏拉图说过:"一个人从小受的教育把他往哪里引导,能决定他后来往哪里走。"一个喜欢体育锻炼的人,一定会有一颗坚强的心,一定会有一股精益求精的钻研精神,在一遍遍的动作磨炼下,在一次次的思考专研中,在一滴滴的汗水流淌间,一天天地成长,一天天地蜕变,达到一个又一个新的高度,在人生之旅中不断实现自我。

七、体育提高审美水平

由于体育运动本身的特点,美无处不在。谈到体育的美,你可能会想到优美的体育舞蹈、水上芭蕾、自由体操、跳水、健美操、花样滑冰等。你也可能会想到以下一些画面:篮球比赛中一个帅气的过人后完美中篮或扣篮得分;足球比赛中连过多人,香蕉球划出漂亮的弧线后越过高高腾起的守门员的指尖飞入球门;排球比赛中队员鱼跃前扑成功救球后,主攻手网前大力扣球得分;等等。此外,还有各种体育建筑、体育器械等呈现出来的静态美,都让人赏心悦目。正是因为体育中无处不在的美,体育与美育也有了更紧密的联系。

体育与美育相互联结,有一定比例的交叉重叠。体育中渗透着大量的美育元素。我们在体育运动中至少可以意识和感受到以下三个层面的美。在身体层面,可以意识到线条美、匀称美、姿势美、健康美、肤色美等,这个可以从运动员健康的身材和优美的动作上欣赏到;在运动层面,可以意识和感受到形态美、跃动美、韵律美、和谐美、敏捷美、柔韧美、力量美等,这个可以从运动项目的运动过程中感受到;在行为层面,可以意识和感受到协作美、结构美、道德美、忍耐美、热情美、纯朴美、机智美等,这个可以通过自我参与到运动中体会到。更重要的是,运动者在运动过程中可以在身体和精神上得到满足,享受身心愉悦,这是一种和谐的美。体育让我们对美的理解不断加深,让我们的审美能力不断提升。

上 篇
体育课程思政教学实践

第一章
田径课程中的思政元素及教学运用

田径是一项融合了个人竞技与团队协作的体育运动，包括田赛和径赛。田径项目具有高度的竞技性、趣味性和挑战性，因而深受大众喜爱。田径项目入门门槛相对较低，与生活密切相关，只需掌握基本的走、跑、跳、投技术；同时，田径项目形式多样，既有个人项目，也有团体项目，而且不容易受场地、人数、年龄、性别、季节和气候等条件的限制，因此便于广泛开展。然而，运动员想要在田径项目中取得优异成绩，则需要其具备全面、扎实的专项技术和战术能力。

田径课程在学校体育课中占据非常重要的位置。基于田径项目的基本理论知识，通过现代教学手段和方法，学生能掌握基本的走、跑、跳、投技术和训练方法，最大限度地发挥自己的竞技水平，在不断突破自我，取得好成绩的同时，提升自己的体质健康水平。田径教学能够激发学生的潜能和顽强拼搏精神，培养学生勇于挑战和敢于克服困难的素养，以及爱国主义情怀。

田径项目所倡导的公平竞赛、尊重对手、遵守规则等精神，是思政教育的重要内容。这些精神不仅体现在赛场上，更贯穿于学生的日常生活和训练中。通过参与田径项目，学生不仅能够提高身体素质和竞技水平，更能在精神层面得到升华和成长。

一、田径项目可以培养学生坚韧不拔的精神

田径作为一项具有挑战性和持续性的运动，对培养学生坚韧不拔的精神起着重要作用。在田径训练和比赛中，学生必须面对各种困难和挑战，需要经历长时间的持续训练和不断突破自我。这种持之以恒的训练不仅提高了他们的体能和技术水平，而且更深层次地磨炼了他们的意志和毅力。

教学场景 1

在田径训练课上，学生正绕着操场跑道进行长跑训练。随着圈数的增加，许多学生逐渐感到呼吸急促，体力不支，双腿如同灌了铅般沉重。有些学生开始放慢脚步，面露难色，甚至产生了放弃的念头。

教学场景分析

田径运动中的长距离项目要求学生具备持久的耐力和坚定的意志。在长时间的奔跑中，学生需要克服身体的疲劳和意志的动摇，坚持到最后一刻。这种训练过程能够培养学

生坚韧不拔的精神和毅力,让他们在面对困难和挑战时能够坚持不懈、勇往直前。面对学生的困境,教师应及时介入,通过语言引导来激发学生的内在动力,让学生明白长跑训练不仅是对体能的考验,更是对意志品质的锤炼,每前进一步都是坚韧不拔意志的体现。

教学场景2

在田径训练课上,学生正在进行跳高项目的训练。其中一些学生面对着高高的跳高杆,内心充满了不安,但他们没有退缩。他们站在起跳点前,深吸一口气,聚精会神,毫不犹豫地跑向跳高杆。在跃起的瞬间,他们感受到了无与伦比的自由和飞翔的快感,尽管有时因没有跃过而摔倒在垫子上,但他们总是坚定地站起来,继续挑战。在教师的鼓励和指导下,他们不断调整动作、改进技巧,最终成功跃过了自己设定的高度。

教学场景分析

教师要让学生在不断的尝试中深刻领悟到只要有勇气和毅力,就有可能战胜自己的局限,实现真正的突破。这样的经历不仅仅是在技术层面的进步,更是对学生意志品质的磨砺,激发了他们不断追求卓越的决心和勇往直前的信念。

教学场景3

在田径训练课上,学生正在进行铅球项目的训练。其中一名学生站在铅球投掷圈内,手持沉重的铅球,目光专注地凝视着远方。教师发现了他内心的恐惧和压力,及时指导他如何克服铅球的重量。在教师的指导下,他深吸一口气,用力挥动投掷臂,将铅球投出。尽管初次尝试失败,但他并没有气馁,而是调整姿势、加大力度,再次投出。在不断的尝试和练习中,他逐渐掌握了技巧,最终投出了一个令人满意的距离。

教学场景分析

整个过程中学生不仅锻炼了体能和技术,更重要的是磨炼了意志和毅力。每一次投掷,都是对自己力量的挑战,都是对内心坚韧的考验。尽管面对失败和困难,他从未放弃,不断地调整,最终获得了成功。这样的经历让他深刻体会到了坚韧不拔的力量,懂得了只有坚持不懈,才能克服困难、实现目标。这样的训练不仅提高了他的体能和技术水平,更重要的是塑造了他的意志品质。他从中学到了面对困难不退缩、努力追求自我突破的精神。因此,铅球项目的训练不仅仅是对技术的锻炼,更是对学生意志和毅力的磨炼,教师要让他们在竞技场上展现出坚韧不拔的力量,成为更加优秀的自己。

二、田径项目可以培养学生公平竞争的精神

田径是一项高度规范化的竞技运动,学生需要严格遵守比赛规则和裁判判罚。在比赛中,学生需要凭借自己的实力和技巧去争取胜利,而不是通过不正当手段或行为赢得竞争。这种规则意识和公平竞争精神的培养,能够让学生认识到诚信和公正的重要性,并在未来的生活和工作中遵守规则、尊重他人、维护公平。

教学场景4

在田径课投掷项目教学中,教师首先为学生讲解了标枪投掷的基本动作要领和注意事项,并强调了规则意识和公平竞争的重要性。随后,学生在教师的指导下进行练习,尝试掌握正确的投掷姿势和力度。在练习过程中,教师发现有几名学生为了追求更远的投掷距离,采用了不规范的投掷动作,甚至有的学生在投掷前偷偷向前移动了脚步。教师立即制止了这些学生的行为,并进行了教育。

教学场景分析

教师强调必须严格遵守标枪投掷的技术和规则,只有按照规定的动作和流程进行投掷,才有可能取得更好的成绩并确保比赛的公平性和公正性。教师希望学生能够树立规则意识,尊重对手,在每一次练习和比赛中都能发挥出自己真正的实力。这样的态度和行为不仅是对比赛规则的尊重,也是对自己品格的培养和提升。

教学场景5

在田径课百米短跑项目教学中,教师首先向学生介绍了百米短跑比赛的起跑姿势、比赛规则及裁判的判定标准。随后,学生进行了起跑姿势的练习,并模拟比赛的实际场景进行了起跑练习。在练习过程中,一名学生因过早起跑而被教师制止,教师解释了过早起跑的后果是被取消比赛资格。

教学场景分析

教师强调了起跑姿势的重要性,以及遵守比赛规则的必要性。同时,教师也向学生解释了对违反规则的处罚。这样的教学场景有助于学生树立对比赛规则的尊重意识,同时也加深了学生对裁判法的理解,培养了其公平竞争的精神。

教学场景 6

在跳高教学比赛中,学生们着装统一,口号嘹亮。现场观众更是热情高涨,不断加油助威。

教学场景分析

在比赛过程中,教师要公正地评判每名学生的表现,确保比赛的公平性。观众则会为每名学生的精彩表现鼓掌喝彩,展现对竞技精神的尊重与认可。通过跳高比赛,学生不仅锻炼了自己的身体素质,更培养了公平竞争的精神和团队合作的意识。

三、田径项目可以培养学生团队协作的精神

参与田径项目的学生在团队中可以学会合作、沟通和相互支持,从而培养团队协作精神。首先,田径训练中的团队合作是学生培养团队协作精神的重要途径。在团队中,学生相互鼓励、相互促进,共同面对训练中的困难和挑战。无论是进行接力练习还是进行团体训练,都需要队员之间密切配合和保持默契,这促进了团队凝聚力的形成和学生合作意识的养成。其次,田径比赛中的团队合作也是学生培养团队协作精神的重要环节。如在接力比赛中,队员需要精准地将接力棒传递给下一位队员,这需要高度的默契和信任。同时,在团体项目比赛中,学生需要协调各自的能力和角色,为团队争取最佳成绩。这种团队合作的经历使学生懂得了团队协作精神的重要性,学会了在团队中彼此信任、相互支持。

教学场景 7

在田径课 4×100 米接力项目教学中,学生被分成几个小组进行比赛。每个小组的成员都需要密切配合,完成接力棒的传递,并力争取得最佳成绩。教师在教学中强调了团队协作的重要性,并鼓励学生为小组荣誉而努力。

教学场景分析

比赛开始前,各小组的成员聚在一起讨论传接棒的方式和如何相互配合,彼此鼓励和支持。比赛开始后,每个小组的成员都全力以赴,努力完成自己的任务,并尽可能地为下一棒的队友创造有利条件。在接力棒的传递过程中,有的小组出现了失误,但他们并没有互相指责,而是迅速调整状态,及时弥补出现的失误,继续投入比赛中。比赛结束后,教师组织学生进行总结。对于取得好成绩的小组,教师给予表扬,并强调团队协作的力量;对于成绩不佳的小组,教师则鼓励他们不要气馁,要从失败中吸取教训,加强团队协作,争取下次取得更好的成绩。

教学场景 8

在组织跳远训练时，教师先是组织学生进行兔子跳、青蛙跳的小游戏，然后分组练习立定跳远，提示学生用前脚掌蹬地起跳，着地时屈膝缓冲轻巧落地，蹬地起跳和摆臂动作协调。

教学场景分析

在田径项目中，跳远是一个需要技巧、力量和耐力的项目，而在跳远训练中不仅需要个体的努力，更需要团队的合作和支持。在跳远训练中，队员常常会相互观察、交流技术经验，以便共同提高。例如，当一名学生进行跳远练习时，队友可能会站在场边观察并提供反馈，指出他的动作中存在的不足之处，并给出建议。这种互相帮助和支持的氛围不仅促进了个人技术的提高，还增强了团队的凝聚力和信任感，使整个团队更具战斗力。

教学场景 9

铅球项目为学生提供了团队协作的机会。在练习过程中，教师将学生分成若干小组，每个小组都有一名铅球选手和几位协助者。铅球选手在规定的区域内投掷铅球，协助者负责捡拾铅球、给予铅球选手精神支持和提供必要的协助。

教学场景分析

铅球选手只有依靠协助者的支持和帮助，才能在比赛中取得好成绩。协助者的任务不仅仅是捡拾铅球，更重要的是为铅球选手提供精神上的支持和必要的协助。在比赛中，协助者的鼓励和指导对于铅球选手的临场发挥起到了至关重要的作用。通过这样的团队协作项目，学生学会了如何相互配合、相互支持，明白了团队合作的重要性。他们学会了倾听和沟通，学会了相互尊重和信任，同时也体会到了团队协作所带来的成功的喜悦。这种团队协作精神不仅在田径比赛中有所体现，还将对学生未来的学习和工作产生积极的影响。

四、田径项目可以培养学生自我超越的精神

练习田径项目有助于培养学生自我超越的精神。在这项具有挑战性的运动中，学生不仅是在追求胜利，更是在追求自我突破和成长。长期的训练过程要求他们不断挑战自己的极限，勇于跳出自己的舒适区，积极应对体能、技术和心理上的挑战。比赛是学生展示自我超越的舞台，他们不仅是在与他人竞争，更是在与过去的自己竞争；他们努力挑战个人最好成绩，不断突破自己的极限。田径训练和比赛，激发了学生内在的自我超越精神，使他们成为勇于挑战、永不言弃的自我超越者。

教学场景 10

在组织学生进行 400 米跑训练时,教师将全程分成四段进行训练,每段为 100 米,要求每段完成时间为 15 秒,每两段之间的休息时间为 15 秒。

教学场景分析

田径课 400 米跑项目训练,为学生提供了挑战自我的绝佳机会。400 米跑是一个综合性很强的项目,既考验速度,又考验耐力,是对学生体能和意志的双重考验。在这样的训练中,教师扮演着重要的角色,他们鼓励学生设定个人目标,挑战自己的极限,力求在每一次训练中实现自我超越。

教学场景 11

在组织田径长跑训练中,教师要求学生在训练的初始阶段每天跑 3 千米,然后逐渐增加到 5 千米、8 千米,甚至更长的距离,要求学生逐渐提高耐力和毅力。

教学场景分析

学生在这个过程中需要不断挑战自己的身体和心理极限,努力坚持下去。这种挑战可以激发学生不断超越自我的动力和勇气,培养他们的自我超越精神。

教学场景 12

在学校的田径比赛中,跨栏项目一直是备受瞩目的焦点,也是学生挑战自我的重要舞台。同时,跨栏项目对学生的技术要求很高,需要学生不断练习和摸索。学生可能会因技术不够熟练而频繁失误,这时教师若发现学生因频繁失误而出现气馁的现象,应鼓励学生坚持不懈地训练,不断改进自己的技术动作,直到掌握正确的跨栏技巧。

教学场景分析

学生从每次失败中吸取教训,逐渐提高自己的技术水平和竞技能力。在接下来的比赛中,他们展现了惊人的进步,成功跨越了所有障碍,最终取得了好成绩。这个过程不仅是对技术和体能的锻炼,更是对意志品质的磨炼。学生在面对挑战和失败时,并没有退缩或放弃,而是选择坚持和努力,最终战胜了困难,实现了自我超越。这种自我超越的精神将伴随着他们成长的每一个阶段，成为他们追求卓越、勇往直前的重要品质。

五、田径项目可以培养学生不畏挫折的精神

练习田径项目有助于培养学生不畏挫折的精神。在这项运动中，学生经常会面临各种挑战，如长时间的训练、技术上的难题及比赛中的竞争压力。这些挑战可能导致失败和挫折，但通过这些经历，学生学会了从失败中吸取教训，并保持积极的心态。

教学场景 13

在田径课上，学生正在进行跳远项目的训练。跳远项目不仅需要学生具备良好的爆发力和协调性，更需要他们在挫折与失败面前不丧失信心，保持积极的心态。一开始，大部分学生都能够顺利完成基础的跳远动作，但随着训练的深入，难度逐渐加大，有些学生开始遇到挑战。特别是在尝试更远的距离时，他们经常会出现踩线、高度不够或者动作难以施展开等情况。

教学场景分析

面对这些挫折，学生的心情变得低落，甚至有些学生产生了放弃的念头。教师敏锐地察觉到学生的情绪变化时，可以利用这个机会进行挫折教育。首先，教师要鼓励学生不气馁，尽管会跌倒、会失败，但这些都是成长的机会。关键是要从失败中吸取教训，不断调整自己的动作和心态，直到成功为止。其次，教师要向学生展示正确的跳远姿势和动作要领，并耐心指导他们如何进行步点调整、如何采用起动方式、如何掌握正确的助跑节奏等。最后，教师还要强调坚持和毅力的重要性，鼓励学生勇敢地面对挫折，不放弃任何一个提升自己的机会。

教学场景 14

在田径课上，学生正在进行铅球的投掷训练。投掷铅球是一个需要力量、技巧和精准性的田径项目，在学习和掌握投掷技术的过程中，学生常常会遇到各种困难和挑战。一些学生可能会因投掷力度不够、姿势不正确或者掌握不好发力时机而感到沮丧和挫败。

教学场景分析

教师在发现学生遇到困难时，可以利用这个机会进行挫折教育。首先，教师要鼓励学生保持信心，相信自己的能力，让学生明白投掷铅球不仅是一项技术活动，更是一种心态的体现。只有在面对困难和挑战时，才能展现出真正的力量和毅力。其次，教师要向学生

详细讲解铅球投掷的技术要领和注意事项，帮助他们更好地理解和掌握投掷的动作要领。同时，教师还要组织多次实践训练，并针对学生的具体问题进行个性化的指导，帮助他们逐步提高投掷的水平。

教学场景 15

在田径课上，学生正在进行跳高项目的训练。跳高是一个需要学生具备较强的爆发力和良好的技巧的田径项目，在训练过程中，学生常常会面临困难和挑战。一些学生可能在起跳时出现了不稳定，导致腾起高度不够，无法跃过横杆；而另一些学生可能在空中控制不住身体姿势，影响了落地的稳定性。

教学场景分析

针对这些问题，教师应及时进行教育和指导。首先，教师要鼓励学生勇于面对挑战，让学生明白对跳高技术的学习不仅是对技术的考验，更是对意志和毅力的挑战。每一次失败都是成长的机会，要学会从中吸取教训，不断提高自己的水平。其次，教师要向学生演示正确的起跳和落地动作，并针对每名学生的不足之处进行具体的指导和训练。同时，教师还要强调耐心和毅力的重要性，鼓励学生坚持不懈地训练，相信自己的潜力，勇敢地面对挑战，直到取得成功。

六、田径项目可以培养学生勇于担当的精神

练习田径项目有助于培养学生勇于担当的精神。这项运动要求学生在每天的训练中展现出自律、有毅力、有韧性的品质。在训练中，学生可能会遇到身体和心理上的挑战，这就要求他们要敢于面对挑战，并坚持不懈地实现目标。无论是在训练还是在比赛中，田径项目都锻炼了学生的意志力和勇气，培养了他们勇于面对挑战、敢于承担责任的品质。这种勇于担当的精神不但在运动场上发挥作用，在日常生活和未来的职业生涯中也将成为他们成功的关键所在。

教学场景 16

4×100 米接力比赛开始后，每个小组都全力以赴，力争取得好成绩。然而，在比赛过程中，意外发生了。某个小组在交接棒时出现了失误，导致接力棒掉落在地。面对这一突发状况，该小组的学生反应不一。有的学生指责队友，认为是队友的失误导致了整个小组的失败；而有的学生则勇于担当，主动承认自己的错误，并积极寻找解决问题的方法。

教学场景分析

此时，教师应及时介入，首先要对勇于担当的学生给予肯定和鼓励，同时引导其他学生认识到在团队中每个人都应该勇于承担自己的责任，而不是推卸责任或指责他人；其次要让学生明白接力比赛是一个团体项目，每个人的表现都会直接影响整个团队的成绩，当出现问题时，应该勇于担当，积极寻找解决问题的方法，而不是互相指责。

教学场景17

投掷是一个考验学生坚定意志和决心的田径项目。无论是铅球、铁饼还是标枪，都需要学生具备扎实的技术基础和坚定的意志。在投掷比赛中，学生面对技术上的挑战和对手的竞争压力时，应保持冷静、集中注意力，并将力量和技巧发挥到极致。

教学场景分析

通过投掷训练，教师要让学生懂得只有不断努力、坚持练习，才能提高自己的技术水平和比赛成绩。在面对困难和挑战时，要保持乐观向上的心态，坚定自己的决心，不轻言放弃。这种坚定不移的意志和勇于担当的精神将激励学生在学习和生活中迎接挑战，勇往直前，不断成长和进步。

教学场景18

跨栏是一个技术性很强的田径项目，既考验学生的身体素质，也考验他们的意志力和担当精神。在跨栏训练中，教师要求学生通过不断的练习来掌握正确的动作和节奏，克服跨越高低起伏障碍的困难。

教学场景分析

这样的训练培养了学生的勇气和担当精神。首先，面对高低起伏的障碍，学生需要迎难而上，不畏艰辛地克服困难。他们需要集中注意力，保持稳定的心态，以最佳状态面对每一个障碍。其次，面对比赛中的紧张和压力，学生需要勇敢地面对挑战，不畏惧、不退缩。通过跨栏比赛这样的教学场景，学生不仅能够提高自己的体能和技术水平，更能够培养勇于担当的精神。这种精神将伴随他们成长的每一个阶段，使他们在面对生活中的各种困难和挑战时，都能够坚定地站在前线，迎难而上，勇往直前。

第二章

体操课程中的思政元素及教学运用

体操是指通过徒手、持轻器械或在器械上完成不同类型与难度的单个动作、组合动作或成套动作，充分挖掘人的潜能，表现人的控制能力，并具有一定艺术要求的体育项目。体操内容丰富，形式多样。在学校体育教学中，体操可分为基础类体操、实用类体操和技术类体操，主要教学内容有队列队形、徒手体操、技巧、支撑跳跃、双杠、单杠等项目。不同项目的特点差异较大，在练习中人体常处于非常规状态，因此体操练习具有一定的难度和惊险性。体操的这些特征决定了体操教学具有鲜明的特点。在体操教学过程中，教师应注重教学的规范性，采用多种教学方法与手段，消除学生的害怕心理并广泛运用保护与帮助。体操项目的练习教学中也蕴含了丰富的思政元素。

一、体操项目可以培养学生互助互学、团结协作的精神

队列队形和徒手体操是基础类体操的主要教学内容，练习时要求学生互相配合做协同一致或整齐划一的动作，这有利于培养学生团结协作的集体主义精神。技术类体操教学中常使用的保护与帮助、互相纠错，能促使学生养成互助互学的习惯。

教学场景1

在肩肘倒立教学过程中，学生普遍出现举腿翻臀伸髋时向后失去重心或肩肘倒立时屈髋等问题。

教学场景分析

教师可通过教授学生肩肘倒立保护与帮助的方法，组织学生两人一组在互相保护与帮助下练习动作，达到消除错误、改进动作、掌握技术动作的教学目标，同时也促使学生养成互帮互助、团结协作的集体主义精神。

教学场景2

在齐步走教学过程中，横队练习时，左右排面始终不整齐，教师发现主要是因为学生的步幅不一致，通常矮个子的学生步幅小，高个子的学生步幅大。

教学场景分析

教师指出齐步走每步约75厘米，全班学生是一个整体，只有相互适应、相互配合，才能完成整齐划一、协同一致的动作。学生通过不断练习、反复磨合，达到了步幅的准确和稳定，保持了行进中左右排面的整齐。这个过程培养了学生相互配合的团队合作精神。

教学场景3

在广播体操教学过程中，部分学生学习兴趣不浓、态度不够端正，导致动作姿态差、不熟练，经常出现错误动作，由于学生人数较多，教师难以一一进行纠正。教师以横队为基础安排分组合作学习10分钟，然后进行分组比赛。在全组学生的互相帮助和共同努力下，通过反复练习，纠正了错误动作，完整、流畅地完成了广播体操，取得了良好的教学效果。

教学场景分析

教师通过比赛的方式组织教学，能够激发学生学习的积极性和兴趣，使学生情绪高涨，在合作学习的过程中培养学生的团队合作精神。

二、体操项目可以培养学生顽强勇敢、拼搏进取的精神

体操动作具有一定的非常规性和危险性，因此在学习某些难度较大的动作时，学生常会产生害怕心理。在教学过程中，教师必须消除学生的害怕心理，才能使其沉着冷静，按动作要领完成动作。教师采取心理暗示、鼓励等方式，增加学生的安全感，增强其完成动作的信心。学生在练习过程中，逐渐消除害怕心理，直面恐惧，勇敢拼搏，意志品质得到了锻炼与提升。

教学场景4

在山羊分腿腾跃教学过程中，许多学生助跑到跳板前不敢上板，向侧方躲开，还有的学生上板后不敢起跳直接撞到"山羊"上。教师强调山羊分腿腾跃上板后想刹车是不可能的，起跳时犹豫不决，结果就是百分之百撞马甚至摔倒，所以上板后必须果断起跳才能成功过马。随后，教师降低了"山羊"高度，组织了原地板上起跳过马等辅助练习，在教师的鼓励和保护与帮助下，经过反复练习，学生逐渐克服恐惧，最终都能做到果断起跳推手过马。

教学场景分析

本次教学不仅使学生掌握了山羊分腿腾跃的动作技术，而且培养了学生顽强勇敢、拼搏进取的精神。

教学场景 5

在手倒立前滚翻教学过程中，由于学生害怕倒立摔倒砸背，手倒立时不敢顶肩，造成冲肩，未经手倒立就前倒，以致绝大多数学生其实做的都是失败动作。教师强调手倒立前滚翻时冲肩，造成未经手倒立就前倒，就是失败动作，所以倒立时必须克服恐惧、勇敢面对，当身体接近垂直线时，果断顶肩、拉开肩角。教师安排学生两人一组，要求成手倒立时必须果断顶肩、拉开肩角，随后在保护与帮助下前倒屈臂低头前滚成蹲立。经过多次练习，学生逐渐克服恐惧、掌握技术、完成动作。

教学场景分析

手倒立前滚翻的练习过程也是学生直面恐惧、勇敢拼搏、意志品质得到锻炼与提升的过程。

教学场景 6

在鱼跃前滚翻教学过程中，部分学生由于害怕，做鱼跃前滚翻时，出现了手刚撑地就低头收腹抱腿的错误动作，造成滚翻时砸胸，练习几次后就不敢再起跳，把鱼跃前滚翻做成了前滚翻。

教学场景分析

教师发现，出现这种情况的往往都是比较胆小、缺乏勇气、容易放弃的学生，意识到必须消除学生的害怕心理，才能使其沉着冷静，按动作要领完成动作。教师首先要带领学生复习前滚翻，强调收腿时机；然后再增加垫子，做较低腾空的鱼跃前滚翻，以减轻其心理压力。通过练习，学生逐渐克服恐惧，敢于用力起跳，完成具有明显腾空的鱼跃前滚翻。在鱼跃前滚翻学习过程中，学生的身心得到了充分锻炼，意志品质显著提升。

三、体操项目可以培养学生无私奉献、乐于助人的精神

体操技能教学过程中需广泛运用保护与帮助，许多体操动作具有一定的难度，初学时必须在他人的帮助下才能完成。在教学过程中，由于学生人数较多，教师无法同时兼顾，

通常采取学生互相保护与帮助的办法，因此学生要有高度的责任感，一旦出现危险，必须全力以赴，帮助练习者摆脱危险。在互相保护与帮助练习动作的过程中，学生增进了交流与互信，培养了无私奉献、乐于助人的精神。

教学场景7

在扶持手倒立教学过程中，教师安排学生两人一组，在互相保护与帮助下练习。教师要求保护与帮助的学生必须有高度的责任感，一旦出现危险，要不惜一切、毫无保留、全力以赴，帮助练习者摆脱危险。

教学场景分析

学生在相互保护与帮助下练习扶持手倒立，消除了练习时的心理障碍和顾虑，不仅掌握了动作技术，还增进了彼此之间的交流与互信，培养了无私奉献、乐于助人的精神。

教学场景8

在徒手体操创编教学过程中，学生的创编水平参差不齐，有些学生创编能力较差，为了更有效地培养学生的编排创新能力，教师采用合作练习法。在教学过程中，教师按学生水平分组进行徒手体操创编，让能力强者引领能力弱者共同编排，充分发挥学生各自的才能和经验，通过小组成员间的交流与合作，学生获得了更多的知识与体验。

教学场景分析

在这个过程中，学生彼此之间更加关爱，乐于为集体付出。该练习不仅提高了学生的徒手体操创编能力，而且培养了学生无私奉献、乐于助人的精神。

教学场景9

在广播体操教学过程中，学生在初步掌握动作阶段，出错较多，主要表现为多余动作多，动作不协调、不准确、不到位，等等。要纠正错误动作，就必须抠动作细节。由于是初学阶段，学生还没有形成肌肉记忆和正确的动作表象，又看不到自己的动作表现，加上学习过程枯燥无味，学生练习兴趣不大，学习效果差。

教学场景分析

教师安排学生两人一组，要求学生进行"一对一"练习，一人做动作，一人观察对方动作，如有错误及时指出并督促纠正。在随后的练习过程中，学生相互观察，相互评价，相互纠错，在帮助他人纠错的同时也加深了自己对动作的理解，动作质量得到了显著提高。在此学习过程中，学生既帮助了对方，也成就了自己，培养了无私奉献、乐于助人的精神。

四、体操项目可以培养学生沉着冷静、临危不乱的品质

在学校体操教学中，技术类体操难度最大，具有艺术性、复杂性、非常规性和非周期性等特点，在练习中人体常处于非常规状态，因此具有一定的难度和惊险性。学生在练习初期或第一次独立完成动作时，可能过度紧张，导致各种问题的出现。通过不断调整和反复练习，学生心态会逐渐平稳，在完成动作的关键节点，能沉着应对、把握时机，以至顺利完成动作。因此，体操项目可以培养学生沉着冷静、临危不乱的品质。

教学场景 10

在手倒立前滚翻教学过程中，教师明确该动作在独立完成初始阶段有一定的危险性，主要是做动作时当重心接近垂直线时，学生由于过度紧张，容易出现不判断身体重心能否过支点，就盲目屈臂低头做前滚翻，此时如果出现倒立回落，脖子就会被压，造成伤害事故。教师在学生独立完成动作前，要强调手倒立重心接近垂直线时，是整个动作的关键时刻，此时一定要沉着冷静，将注意力集中于对身体重心的判断，重心过支点，屈臂低头做前滚翻，重心回落则两脚依次落地还原成直立。通过练习，学生都能在重心接近垂直线的关键时刻，保持沉着冷静，正确判断身体重心位置，做出正确选择，安全完成动作。

教学场景分析

本次教学不仅使学生掌握了手倒立前滚翻的动作技术，而且培养了学生沉着冷静、临危不乱的品质。

教学场景 11

在骑撑前回环教学过程中，教师明确该动作在独立完成初始阶段有一定的危险性，主要是做动作时回环速度过快，成骑撑后重心前倒，一旦出现这种情况，学生往往容易惊慌失措，撒手向前跳下，造成伤害事故。教师在学生独立完成动作前，要说明完成动作过程中可能出现的危机情况，并讲授解决方法。随后，在教师的保

护与帮助下，学生练习了成骑撑后重心前倒的应对动作，即双手抓紧单杠，上身向前腿靠，用以减小前倒势能，防止脱手跌落受伤。之后，学生进入独立完成动作阶段，果然出现回环速度过快，成骑撑后重心前倒的危机情况，但学生都能应对自如。

教学场景分析

本次教学不仅使学生掌握了骑撑前回环的动作技术，而且培养了学生沉着冷静、临危不乱的品质。

教学场景12

在双杠支撑前摆向内转体180°下教学过程中，按动作要领，身体前摆过垂直面后，只有用力前摆才能提高下法的高度，但这会使人体处于非常规状态。此时，前伸制动早，则高度低，动作质量差；前伸制动晚，则可能造成上体后倒，无法完成转体而跌落。教师强调做动作必须胆大心细，用力前摆后，要沉着冷静、把握时机，当重心降至极点时，两腿积极制动转体。教师先安排学生在保护与帮助下练习，随后逐步过渡到独立完成动作，学生通过练习都能沉着应对、把握时机，顺利完成动作。

教学场景分析

本次教学不仅使学生掌握了双杠支撑前摆向内转体180°下的动作技术，而且培养了学生胆大心细、沉着冷静的品质。

五、体操项目可以培养学生组织纪律和规则意识

队列练习是指全体学生按照一定的队形做协调一致的动作，并严格按照《中国人民解放军队列条令（试行）》进行的操练。队形练习是指在队列练习的基础上所做的各种队形的变化。队列、队形练习，有利于培养学生的组织性、纪律性和集体主义精神。体操规则是体操运动必须依据的法规，是评价运动员优劣的标尺，是指导体操实践活动的准绳。因此，体操项目可以培养学生组织纪律和规则意识。

教学场景13

在前滚翻转体180°接后滚翻教学过程中，学生掌握动作技术后，教师安排比赛，以便学生了解规则并进一步提高技术。在比赛前，教师讲解了体操竞赛规则对

运动员的要求，回顾了 2020 年东京奥运会（2021 年举行）男子团体比赛和全能比赛中，两名运动员因完成比赛动作后忘了向裁判致意，导致被扣 0.3 分的惨痛教训，强调了只有严格遵守规则、不逾矩，才能免于被规则处罚。

教学场景分析

在比赛中，教师严格按竞赛规则进行评分，在提高学生体操竞技能力的基础上，培养学生尊礼仪、守规矩的意识。

教学场景 14

在支撑跳跃斜进直角腾越教学过程中，教师发现学生都能努力提高腾起时髋部的高度，经直角后充分挺身展体，但多数学生没有注意落地动作，通常都是未经站稳就走了。于是，教师请动作姿态与腾空高度接近的甲、乙两名学生演示动作，并要求其他学生进行评价。学生们讨论热烈，多数认为两人水平接近，难分伯仲，但教师的评分是甲 8.0 分，乙 6.0 分。同学们大惑不解，教师解释两人动作姿态、腾空高度接近，但乙落地未经站稳就走，按照体操评分规则，落地时失去平衡，每步扣 0.3 分。学生们恍然大悟、深以为然，在随后的练习中，都能注意落地站稳，动作质量得到了进一步提高。

教学场景分析

教师要强调体操规则是体操运动必须依据的法规，是评价运动员优劣的标尺，是指导体操实践活动的准绳，做任何事都必须了解并遵守规则。

六、体操项目可以培养学生精益求精、追求卓越的精神

体操动作具有一定的难度，不可能一看即会，往往需要反复打磨，才能掌握正确的动作技术。在体操教学过程中，许多动作都需要经过数百遍反复练习，只有保持一丝不苟、专注执着的态度，注重细节、精益求精，才能不断进步，高标准地完成动作。

教学场景 15

在山羊分腿腾越教学过程中，经过师生共同努力，学生已经基本掌握动作技术，都能顺利助跑、起跳、推手、腾空、落地。此时，学生情绪高涨，都在比谁腾空更高更远而忽视了动作姿态，屈腿勾脚尖现象普遍出现，教师虽反复指出错误，

但收效甚微。于是，教师强调腾空高远、挺身充分确实是山羊分腿腾越评分的重要依据，但直腿绷脚尖是普遍要求，只有注重细节、精益求精，才能不断进步，高标准地完成动作。教师采用评价法，规定直腿绷脚尖完成动作得10分，屈腿勾脚尖完成动作得0分。经过几轮练习，学生动作姿态明显改进，动作质量显著提高。

教学场景分析

本次教学培养了学生注重细节、精益求精的精神。

教学场景16

在队列练习跑步走教学过程中，学生的跑步走动作受田径跑步动作的影响，手臂摆动幅度过大且摆动方向明显向上。教师虽强调摆臂动作要领，但学生始终不以为然，认为跑步走太简单，自己早已掌握动作。于是，教师组织学生观看队列跑步走视频，学生深受震撼，明白只有刻苦训练才能取得卓越成就。于是，学生积极参加教师安排的原地手臂定位和原地摆臂等辅助练习，逐步掌握跑步走的正确摆臂动作。

教学场景分析

本次教学培养了学生刻苦训练、追求卓越的精神。

教学场景17

在鱼跃前滚翻教学过程中，学生完成动作时出现了没有腾空过程、空中髋关节弯曲小于90°或腿低于臀部水平位、滚翻时砸胸等技术错误，学生举步维艰，一筹莫展。教师形容说练习体操动作就像打造一件独一无二的艺术品，必须有追求卓越、注重细节、精益求精的态度。随后，教师安排学生练习手撑远处前滚翻并强调依次滚动和收腿时机来改善滚翻时砸胸的情况；通过脚蹬高处、手撑低处做前滚翻来打开髋关节；通过越过障碍物做鱼跃前滚翻来提高腾空高度。

教学场景分析

上述练习不仅使学生完成动作的质量得到很大的提高，还让其认识到要想做好一件事必须有精益求精、追求卓越的态度。

第三章
篮球课程中的思政元素及教学运用

篮球是集跑、跳、投、移动、进攻、防守、对抗和分工协作为一体的综合性运动项目，体现集体性、对抗性、健身增智性、启发教育性。篮球运动技术分为运球、传球、投篮。篮球课程在学校体育课中占据重要位置，深受学生喜欢。开设篮球课程的目的主要有两个：一是提高学生的身体素质和运动技能，培养学生的运动兴趣和良好的运动习惯；二是培养学生的规则意识，使学生能够正确处理竞争和合作的关系，培养良好的体育道德和吃苦耐劳的意志品质。从篮球运动中可以凝练出爱国主义精神、集体主义精神、科学探究精神、开拓创新精神、团结协作精神、拼搏奋进精神、社会道德规范、法治精神、遵规守纪精神、突破自我精神、辩证唯物主义世界观、社会主义核心价值观等思政元素。体育教师应采用讲授与讨论、启发与探究、训练与实践、竞赛与角色、体验与感知等方法，在教学细节上突出思政元素，构建学校篮球课程思政教育体系。

一、篮球项目可以培养学生奋起直追、挑战自我的精神

篮球运动的表演性、竞技性、对抗性价值的传递，依托人的先天优越的身体素质和后天的勤奋练习。就客观条件而言，人的身体力量、灵敏性、协调性及耐力都各有不同，身体较弱的学生群体面对优于自己的同学，会不由自主地产生落差感。但在一次次的投篮、运球、跑篮的练习过程中，学生会慢慢地建立自信，并不断挑战自己的身体极限，挖掘自身的潜能。

教学场景 1

> 篮球运球技术包含体前变向、胯下运球、背后运球、"拜佛"等多种基本技术。在课堂上，教师要求学生反复练习这些基本技术。在运球基本技术的练习过程中，教师运用言语引导："请同学们不要小看这些简单枯燥的技术动作，也不要不耐烦。只有反复练习每一项技术动作，才能将多项运球技术组合起来，完成漂亮的过人动作。只要大家敢于挑战自己，奋起直追，就能将运球技术练得炉火纯青。"

教学场景分析

通过学习篮球基本技术，学生可以养成吃苦耐劳、坚忍不拔、迎难而上的良好品质。

教学场景 2

在左右手行进间半场往返上篮教学过程中，对于基础较好的学生，教师在要求他们技术动作标准的同时，还要尽可能通过语言引导的方式对其提高要求。

教学场景分析

如学生在规定的 35 秒内完成了半场两趟左右手行进间交替上篮，教师可以通过言语激励学生挑战自我，要求其在 32 秒内完成规定路线和动作。如果学生完成了，教师可以运用言语引导："真不错，在这次练习中，你实现了自我体能、技术和思想的突破，你很棒。"如果学生没有完成，教师可以运用语言引导："没有关系，有了这个目标，你就有了新的挑战，再接再厉。"

教学场景 3

在篮球教学比赛中，一支球队接连失误，面临比分落后、打不开局面的状况，队员们一筹莫展。

教学场景分析

这时，教师可以运用言语引导，鼓励学生："要保持理性和冷静，每个人都可以是挽救比赛的球星，只要你们直面困难、敢于挑战，胜利也可能属于你们。"

二、篮球项目可以培养学生团队合作、积极竞争的精神

篮球是团体运动项目，球队中的教练员、运动员、领队都是这个团队不可或缺的一分子。尤其在比赛场上，五名运动员的协作传球、跑位、掩护、穿插、防守等都将为球队的胜利贡献自己的力量。同时，每一次战术配合的完成，都向观赛群体展现并传递了团队合作、积极竞争的精神。

教学场景 4

在传接球技术教学过程中，教师组织学生进行四角传球练习，培养学生团队合作的精神。

教学场景分析

在教学初始阶段，首先通过逆时针和顺时针的方向变换，让学生感受行进间双手胸前

传接球等多种传接球技术的运用和配合。然后规定四角传球的次数和球的个数，不断提高要求，并在学生一次次的失误中，鼓励大家"要学会合作和配合，不要传得太硬或者太低、太高"。在完成既定任务的时候，请学生为自己团队合作的成功鼓掌加油。

教学场景5

篮球运动既是团体项目，也是对抗性、竞争性较强的运动项目。在篮球比赛过程中，进攻和防守是篮球技战术的两大体系。在篮球课上，教师将学生分成若干个进攻组和防守组，组织攻防练习。

教学场景分析

进攻队员的目的是通过运用篮球技战术突破防守完成得分，防守队员的目的是通过脚步移动和防守，阻止进攻队员得分。在一攻一守的练习过程中，教师要引导学生积极进攻，积极防守，端正态度，敢于竞争。

教学场景6

课堂最后十五分钟的体能训练，教师安排全班学生排队持球站在三分线上，按照顺序依次罚篮。对于投进的学生，全班欢呼送上鼓励；对于投不进的学生，全班陪同一起运球四线折返跑。

教学场景分析

在学生连续投不进的时候，教师可以运用言语引导："请同学们永远记得，我们是一个团队，一荣俱荣，一损俱损。"

三、篮球项目可以培养学生坚持不懈、敢打敢拼的精神

在篮球比赛中可能会遇到各种困难，如比分落后、队员受伤、队员被罚下等，学生需要学会在面对困难时保持积极的态度，想办法克服困难。只有发扬坚持不懈、永不言弃、敢打敢拼的精神，才有可能获胜。

教学场景7

在篮板接力练习中，教师要求全队完成一百个篮板接力。教师在观察学生完成接力情况的同时，还要关注学生的情绪变化，尤其在学生出现失误的时候。

教学场景分析

在学生出现失误时,教师要及时用言语引导学生:"篮板接力是一个团队游戏,每一名同学的跳跃和抢篮板都是一个坚持不懈的过程,如果大家足够团结,别说一百个篮板接力,就算一千个,我们也能完成。"

教学场景 8

篮球比赛不仅对运动员的个人能力、团队合作有着极高的要求,还对运动员的体能有着极大的挑战。尤其在关键分数、关键场次、关键球权的争夺过程中,总要有人站出来,敢于对抗、敢于出手、敢于竞争。

教学场景分析

在教学比赛中,出现加时赛或者关键分数的时候,教师要用语言引导学生把握关键,迎难而上,突破自我,敢于挑战。

教学场景 9

在防守有球队员技术教学过程中,教师要时刻向学生强调防守时应注意力集中,对方举球投篮时必须扬手干扰。

教学场景分析

在二攻二守、三攻三守的练习中,教师可以运用言语引导:"同学们一定要树立积极防御的思想,不怕苦,不怕累,培养勇猛顽强、勇于拼搏的防守作风。"

四、篮球项目可以培养学生遵守规则、尊重同伴的精神

篮球比赛拥有严格的规则和赛程,每一名参加篮球比赛的运动员、裁判员和教练员都要遵守篮球比赛规则。因此,篮球项目可以培养学生遵守规则、尊重同伴的精神。

教学场景 10

规则意识是社会生存的法则,每个行业都有自己要遵守的行业规则及法律道德。在篮球教学比赛中,教师向学生讲解了篮球比赛规则和篮球礼仪。

教学场景分析

在此过程中,教师可用言语引导:"友谊第一、比赛第二、尊重对手、尊重裁判、遵守规则,是每一名篮球队员应有的生存技能和应具备的礼仪教养。"

教学场景 11

在篮球教学比赛中,教师要引导学生在面对同伴的失误或者对手的不文明言语时学会冷静、理智处理。

教学场景分析

教师此刻可用言语引导:"团体项目需要每一名场上队员的协作和配合,保持良好的心态也是对临场队员的考验,面对失误,不埋怨、不发脾气,理性冷静地直面问题、解决问题,才能带领团队走向胜利。"

教学场景 12

篮球课程的考核与评价是教学管理的重要手段之一,在篮球技能(全场运球绕杆、左右手半场行进间上篮等)考核过程中,基础较差的学生由于动作不标准,引得全班一阵哄笑。

教学场景分析

教师在进行课堂总结时应进行言语引导:"同学们在考核过程中,应学会相互帮助、相互配合,学会互助互爱、团结友爱。不论哪位同学在做展示或者测试,大家都应该及时给予鼓励,营造良好的学练氛围。"

五、篮球项目可以培养学生组织指挥、领导管理的能力

在篮球日常教学中会出现学生身体素质、接受能力及性别的差异,面对这种情况,教师可以对学生进行分组。分组后,每一组挑选一名小组长,在教师巡回指导的情况下,由小组长带领组员进行练习。在此过程中,可以培养学生的组织指挥和领导管理能力。

教学场景 13

在传接球教学过程中,教师安排男生组进行行进间双手击地传接球练习,女生组进行原地双手击地传接球练习。

教学场景分析

教师在进行分组以后,要及时进行言语引导:"各位小组长就是球场上的精神领袖,是球队的担当和核心,你们要组织好每一次练习,展示自己的领导和指挥能力。"

教学场景 14

在篮球教学比赛中,教师委任两名学生作为球队队长,要求队长在比赛之前对队员的战术运用进行讲解和布置。

教学场景分析

教师要用言语鼓励:"每一位队长要认真安排战术,学会担当,敢于负责。"

六、篮球项目可以培养学生自信自强、展示自我的精神

在投篮等基本技术教学过程中,针对部分基础较差的学生,教师可以循序渐进地引导学生进行尝试,不断地进行言语鼓励。在若干次练习之后,学生敢于在众人面前展示自己,培养其自信自强、展示自我的精神。

教学场景 15

在单手肩上投篮技术教学中,在分步骤练习之后,教师安排学生站到罚球线上尝试投篮。如果投进了,全体学生鼓掌鼓励;如果投不进,全体学生做俯卧撑。

教学场景分析

在分步骤练习过程中,教师要巡回指导,尤其对基础薄弱的学生要进行适当的鼓励和纠错。在基础薄弱的学生连续几次投篮不进的情况下,教师可以用言语鼓励:"你的球弧度可以再高一点,一定可以的,要相信自己。"

教学场景 16

在对体育教育专业学生的篮球教学中,教师不仅要让学生自己学会基本的篮球技战术,还要让学生学会如何教授基本的篮球技战术。

教学场景分析

教师讲解并示范授课内容后,可以用言语引导学生:"接下来,大家自告奋勇,自己

做一次老师,向同学们讲解并示范双手胸前传接球的动作要领,展示一下自己的风采。"

教学场景 17

在持球交叉步突破技术纠错及展示过程中,教师邀请班级中做得比较好的学生到球场中间进行动作示范,鼓励学生观察做示范的学生对持球交叉步突破技术动作要领的运用。

教学场景分析

教师要用言语引导学生:"请大家为两位同学自信的展示鼓掌,他们在做持球交叉步突破动作的时候,用心体会了转体、探肩、加速突破的要领。"

七、篮球项目可以培养学生学会欣赏、乐于助人的品质

篮球练习除单人练习以外,还有双人或多人协作练习,如两人击掌运球、两人或三人行进间传接球上篮等。在两人或多人协作练习的过程中,可以培养学生学会欣赏、乐于助人的品质。

教学场景 18

在两人行进间传接球和上篮接力练习过程中,一组学生总是上篮不进。

教学场景分析

这时,教师可以用言语引导学生,让学生给予同伴言语或行动鼓励,如"没关系,我可以陪你再来一次"。如果学生完成得特别顺利,教师可以用言语引导学生,如"太棒了,你们是完美的组合"。

教学场景 19

在行进间上篮教学过程中,左手行进间上篮是学生的普遍弱项。

教学场景分析

对于接受能力差的学生,教师要鼓励他们在不断尝试的同时,也可以找一些基础较好的同学寻求指导和帮助。在此过程中,教师要赞扬学生乐于助人的精神,促进学生之

间的情感交流。

教学场景 20

在篮球理论课程教学过程中，教师为学生播放"2023年国际篮联女子亚洲杯决赛"中国队对阵日本队的比赛视频。

教学场景分析

在观看比赛视频的过程中，教师要积极地进行言语引导："同学们要学会观赏比赛，并用欣赏的眼光去观赏两支球队的技战术风格和运动员的个人表现。"

八、篮球项目可以培养学生明确目标、自律端正的生活态度

篮球运动不仅可以锻炼身体，还可以培养学生的品格和价值观。乔丹、科比、库里、姚明、王治郅、郭艾伦等篮球运动员的经历鼓舞了一代又一代的篮球爱好者。通过对他们故事的传播，可以给予学生一定的目标，让他们感受并认可篮球运动，认同篮球运动所传递的正向价值。

教学场景 21

在教授运球技术的教学导入环节，教师运用启发式案例教学。

教学场景分析

启发式案例教学可以让学生在日常学习和生活中学会自律，端正态度。

教学场景 22

在体育教育专业学生的篮球专项实践操作过程中，教师以"我来上课，你来评；你来上课，我来评"的形式，帮助学生学会观赏和评价篮球教学。

教学场景分析

在此过程中，教师可以通过言语引导学生："请同学们仔细观察授课人的仪表仪态、讲课内容及组织形式等，不要吝啬自己的赞扬和批评，要学会观察和评价课堂。"

第四章
排球课程中的思政元素及教学运用

排球作为一个集体性的运动项目，不仅具有高度的观赏性和趣味性，而且具有独特的竞技性和大众参与性，因此深受人们的喜爱。排球运动不仅要求运动员具备出色的个人技术，更强调队员之间的紧密合作与互帮互助。在排球项目的技战术学习、练习和比赛中，蕴含着丰富的思政元素，对于培养学生的团结协作精神、提高学生的综合素质等具有重要意义。

一、排球项目可以培养学生精益求精、一丝不苟的精神

排球技术看似只有发球、传球、垫球、扣球、拦网等动作，但如果想稳定发挥、技术精湛，就离不开成千上万次重复练习。从垫一个球、传一个球到扣一个球，最重要的就是细节，需要练习者具备极强的专注力和精益求精、一丝不苟的精神。如接发球、鱼跃/滚翻救球、传调整球、专位扣球等技术，都是在反复做同样的动作，都是在日复一日的练习中打磨基本功。在练习中，练习者会遇到瓶颈，也会出现厌烦、畏难等负面情绪，但他们需要沉住气，不断突破自我。

教学场景 1

在垫球技术教学过程中，教师让学生进行垫球基本功训练，但基本功训练枯燥无味，学生出现了懒散、懈怠的状态。

教学场景分析

面对这种情况，教师可以运用言语引导，如"请不要轻视垫球基本功训练，在排球比赛中垫球的精准到位、稳定的一传是一支球队制胜的法宝，这背后离不开无数次单一枯燥的练习。只有精益求精，认真对待每一次来球，高标准要求自己的垫球动作，才能提高自己的接球稳定性，自如地应对比赛中的各种情况！"通过这种言语激励，帮助学生减轻单一技术训练造成的厌烦心理，培养学生面对生活和学习时的精益求精的精神。

教学场景 2

在扣球技术教学过程中，为了提高学生的控球能力，教师安排学生进行对墙（或对地）的自抛自扣练习。

教学场景分析

当学生已经基本掌握该项技术而出现厌烦情绪时，教师可以运用言语引导，如"比赛中，经常会出现球不到位的情况，需要攻手凭借自己的调整能力去适应各种情况下的球。只有在平时训练中增加难度、设置障碍，才能增强自己的空间感和方向感，准确把握球的高度、力量、线路。那何不在抛球时变换方向，给自己增加一些挑战和难度呢？"通过这种方式，能够有效缓解训练中的枯燥，也能够让学生不断强化目标，超越自我。

教学场景 3

在拦网教学过程中，为了真实模拟比赛场景中的拦网情况，教师安排一组学生扣球、一组学生拦网。

教学场景分析

教师可以运用言语引导，如"拦网是比赛中有效拦截对方进攻的最直接手段，准备阶段的预判、起跳环节的技巧、拦网过程中的手眼协调等都需要高度的专注力，只有时刻关注场上动态，及时移动步伐，关注对方的扣球动作，才能做好预判，提高拦网的成功率。因此在这一练习中，十分考验大家的眼力、手眼协调配合的能力，不能盲目地做拦网动作，而忽视了自己的技术动作"。在这一过程中，学生可以培养专注力和认真对待每一件小事的态度。此外，教师还可以通过分享排球运动员的参赛故事，鼓励学生精益求精、超越自我。

二、排球项目可以培养学生顽强拼搏、永不言败的精神

在排球场上，无论是训练还是比赛，每一次发球、救球和进攻都需要队员全身心投入，遇到困难不轻言放弃，坚定"球不落地，永不言弃"的信念。这种顽强拼搏的精神不仅体现在比赛中，更贯穿训练的每一个环节。因此，排球项目可以培养学生顽强拼搏、永不言败的精神。

教学场景 4

在垫/传球基本功训练中，教师组织学生对墙进行连续垫/传球，连续不间断的机械动作让学生感到疲惫。

教学场景分析

教师可以通过言语引导，如"大家不要小看垫/传球基本功训练，这是在帮助你们夯实基础，只有具备扎实的基本功，在比赛中才能良好展示，垫/传出到位球，打出你们的

战术,展示你们的实力。所以,练习时一定要坚持住,胳膊再酸都要坚持住,用正确的姿势完成动作。"通过对垫/传球重要性的阐释,可以培养学生永不言弃的精神。

教学场景 5

在进行一传训练时,一般采用1—3人半场防守的练习模式。若防守成功,使球到位或有可能再次起球,则进行计数;若未能成功接到球或防守无效,则进行减数。鉴于场地大而人数少,学生在训练的后半阶段可能会因体力消耗过大而无法及时跑动,甚至在球落地前未能启动。

教学场景分析

这时,教师可以号召其他学生一起为训练的学生加油,让训练的学生在集体的呐喊声中保持坚定的决心,克服困难,尽全力起身接球,确保每一个球都不落地。这不仅能够提高学生救球的反应速度和质量,还可以磨炼他们顽强拼搏、不轻言放弃的意志品质和集体精神。

教学场景 6

在排球教学过程中,教师设置了一个特定的教学场景,即模拟比赛中的赛点时刻。在这一场景中,教师将比分设定为赛点比分,让学生面对一旦失分,对手即将获胜的压力。

教学场景分析

教师通过这样的实战场景,从实际出发培养学生不畏困难、紧密团结、默契配合的精神,最终使学生逆转取胜。同时,教师还可以运用言语引导:"大家坚持住,要去拼,要去抢,不要放弃,拿下这一分就还有希望,顶一顶!"这一过程不仅有效提高了学生的排球技术水平,更重要的是锤炼了学生顽强拼搏、永不言败的精神品质。

三、排球项目可以培养学生团结协作、互帮互助的精神

排球作为一个集体性的运动项目,在比赛中,每个队员都扮演着不可或缺的角色,需要相互配合、共同努力才能取得成功。这种团结协作的精神既体现在比赛中,也体现在训练中。例如,在平时的打防、进攻战术配合中,队员之间必须团结协作、互帮互助,才能取得最佳的配合效果。

教学场景7

在排球教学过程中，教师将学生分成若干组进行垫球或传球练习，让学生理解互相配合的技巧和意义。

教学场景分析

教师可以告诉学生要学会团队合作，接球时要想到如何将球传到自己队友手中，要想方设法地与队友配合，不让球随意落地，为队友能够更好地接球并给球提供有效的帮助。通过这种方式，可以培养学生团结协作、互帮互助的精神。

教学场景8

在排球教学过程中，教师组织学生进行传球技术练习。传球作为排球比赛中至关重要的技术环节，需要队员之间紧密配合与保持默契。而学生容易以自我为中心，忽视团队成员之间的互动。

教学场景分析

教师可以要求学生相互观察、相互提醒，一旦发现对方在一传垫球或二传传球时出现不到位的情况，就立即给予提醒并协助调整。通过这样的实践，不仅能够有效提升学生的技术能力，还能够培养学生团结协作、互帮互助的精神，从而提高学生之间的默契程度，以在未来的比赛中更好地发挥团队优势。

教学场景9

在排球教学过程中，教师选择采用比赛的形式进行教学。在这种教学模式下，教师要求学生既关注自身的表现，又密切留意团队中其他成员的表现，并在必要时向其他成员提供协助与支持。例如，当队友出现失误时，应及时做出提醒并给予鼓励；每一球结束后，团队成员应聚集在一起互相加油打气。

教学场景分析

通过这种实战模拟，学生更深刻地体会到团队合作的重要性，从而培养团结协作、互帮互助的精神，同时提高沟通能力，增强团队意识。

四、排球项目可以培养学生遵守规则、公平竞争的意识

排球项目有一套严格的比赛规则和裁判制度。学生在参与排球比赛时，必须遵守比赛规则，如发球规则、得分规则、换人规则等。通过不断地实践，学生逐渐理解并内化这些规则，形成遵守规则的良好习惯。在排球场上，裁判公正地执法，确保比赛的公平性和公正性。学生在参与比赛的过程中，能够认识到只有凭借自身的实力，通过自身的努力，才能取得胜利。这种公平竞争的意识有助于学生在日常生活中树立正确的价值观。

教学场景10

在扣球与防守战术教学过程中，学生的后排进攻与防守能力是十分重要的技能。教师可以安排两组学生进行4对4对抗赛，每组一名学生担任二传，其他学生分别站于1号位、6号位、5号位。同时，教师在比赛开始前要和学生强调后排进攻不能踩线这一规则，也可以特别设置吊球进攻不能吊在三米线以内这一人为规定的障碍。当学生进攻踩线或吊球时球落在了三米线以内，教师要立刻判定犯规，并和学生强调其违反了比赛规则。

教学场景分析

通过这样的教学方式，可以帮助学生树立尊重规则的意识。

教学场景11

排球比赛规则属于理论内容，技术课教师讲授时可能存在一些困难，为了让学生更好地理解其中的细节，教师将学生按照4—6人一组分成若干小组，进行小组对抗赛，并安排学生担任裁判。教师通过对抗赛的形式让学生更直观地理解和把握规则。

教学场景分析

比赛开始之前，教师应详细地向学生解释排球比赛的基本规则和裁判方法，确保每名学生都能清晰理解并遵守。在比赛过程中，教师应密切关注学生的行为表现，对遵守规则和展现公平竞赛精神的学生给予表扬和奖励，对违反规则的行为及时进行纠正和批评，以此培养学生尊重规则、公平竞争的意识。

教学场景 12

在学习裁判规则时，教师运用案例进行教学。首先，教师选取一些典型的排球比赛案例，如界内球误判、连击违规等，以视频或图片的形式展示给学生。其次，教师引导学生自主分析这些案例，讨论并裁决其中的违规行为。最后，教师进行总结与提炼，向学生强调规则的重要性，强化学生公平竞争的意识。

教学场景分析

通过案例教学，学生学会尊重对手，遵守比赛规则，培养公平竞争的体育精神。

五、排球项目可以培养学生勇于担当、善于作为的意识

在排球比赛中，每个队员都需要承担一定的责任和任务，无论是主攻手的得分重任，还是二传队员的传球任务，都需要队员勇于担当，不推诿、不逃避。尤其在比分落后、打逆风球的时候，更加需要队员主动站出来，勇于承担责任，不畏惧失败，敢于挑战自我，展现出强烈的责任感和使命感。学生需要通过不断地训练和实践，提升自己的排球技能，学会在比赛中做出正确的判断和决策，采取有效的行动来应对各种情况。这种善于作为的能力，不仅体现在排球比赛中，还可以迁移到学生的日常生活和学习中，帮助他们更好地应对各种挑战。

教学场景 13

在排球基本技术训练中，强化训练是学生比较畏惧的部分，但又是夯实基础技术的必要环节。如果生硬地要求学生进行练习，学生内驱力低，练习效果也就会比较差。这时教师可以设计一些需要队员相互协作、共同完成的练习任务。例如，在练习传球时，可以安排多人互传并轮转换位的练习，要求所有队员相互配合，通过不断传球来保持球的稳定性。在这个过程中，教师要不断强调每个队员的重要性，让他们意识到自己的表现会直接影响团队的整体发挥。当某个队员出现失误时，教师可以引导他勇于承认错误，并鼓励他主动寻找解决问题的方法，从而培养他的勇于担当意识。

教学场景分析

这种意识的培养，有助于学生在未来的生活和工作中，更加自信、坚定和果断地面对各种挑战和机遇，展现出卓越的领导力和执行力。

教学场景 14

在扣球练习过程中，当学生的扣球的调整能力相对比较弱时，教师可以组织一些模拟比赛或团队对抗活动。在这些活动中，每个队员都需要根据自己的角色和职责来发挥作用。教师可以要求主攻手积极寻找扣球机会，并鼓励他们勇于承担责任，在关键时刻挺身而出，果断向二传要球。同时，教师也要关注其他队员的表现，引导他们善于观察、判断和协作，以便在比赛中更好地发挥作用。

教学场景分析

通过这种方式，可以培养学生主动作为、勇于担当的意识。

教学场景 15

在练习接一传组织进攻战术时，一般会对一传的到位率有一定要求，教师可以让发球攻击性强的学生发球，引导一传防守能力较强的学生承担大一点的防守区域，同时鼓励学生勇于自荐，主动承担某一项任务。

教学场景分析

无论是练习还是模拟比赛，教师都可以通过引导或提醒的方式，培养学生勇于担当、善于作为的精神。

第五章

足球课程中的思政元素及教学运用

足球运动一直被认为是第一大体育运动，其参与度极高。作为团体项目的足球运动，具有强大的凝聚力和感召力，能激发人们的团结、博爱、竞争等情感。随着足球进校园的不断深入，校园足球逐渐普及，足球运动已经成为学生参与最广泛的运动项目之一。学生通过参与足球运动，锻炼了身体，提高了智力，增强了自信心，体会到了团队合作的快乐，这对学生的身体健康和精神成长都具有极大的帮助。

足球技术成长于"足球生命"的全过程。在足球教学中，足球技术动作的学习是最主要的部分。足球技术中包含一系列思政元素，如自信、勇敢、自律、果断、主动、坚持不懈、超越自我、积极进取、文明礼貌及创新意识。这些思政元素不仅在足球课堂教学中起着重要作用，而且对学生的健康成长和个性发展具有积极的影响。

足球理论体系涵盖足球的发展史、足球的文化、足球的精神、足球的技战术、足球的规则及足球明星和赛事。对足球理论体系思政元素的深度挖掘，将有助于学生身心健康，培养其良好的道德品质和社会责任感，这些思政元素的融入无论是对足球教学和足球活动的开展，还是对校园足球文化的形成与丰富，都具有积极的引领作用。

足球实践是在学习了足球技战术以后进行的有组织的足球比赛或自主参与的足球运动。足球实践包含的思政元素有规则意识、文明礼貌、团结合作、竞争意识、临场应变、创新意识、大局意识、战略意识、正确的胜负观等。

一、足球项目可以培养学生勤奋刻苦、坚韧不拔的精神

足球技术看似简单，但若想灵活运用，则需要成千上万次重复练习。如脚内侧传球技术、防守步法、头顶球技术等，在重复练习的过程中会遇到困难和挫折，需要学生坚持不懈，勇敢面对。

教学场景 1

在脚内侧传球技术教学中，教师安排学生进行反复的传球训练，学生因练习的枯燥而出现厌学情绪。

教学场景分析

教师可以运用言语引导，创设一些新颖的练习方式，让学生在不同的场景下进行传球练习，培养学生勤奋刻苦、坚韧不拔的意志品质。例如，教师可以跟学生说："请不要小

看这个简单枯燥的练习,传球是一支球队生命力的重要体现,是包括守门员在内的所有球员都需要学习的重要技术。在比赛中,高质量的脚内侧传球是无数次重复练习的结果,只有勤奋刻苦、精益求精,才能收获成功。"

教学场景2

在足球战术教学中,有些学生因理解能力有限而无法快速掌握战术要点。

教学场景分析

教师可采用图片和视频等直观教具,帮助学生更好地理解战术布局和球员间的配合。同时,教师可组织学生进行战术模拟演练,通过实际操作来加深学生对战术的理解。对于理解能力较差的学生,教师可进行额外的讲解和辅导。

教学场景3

在足球队的日常训练中,有一名学生特别引人注目。他的技术并不是最出色的,但他总是最早到达训练场,最晚离开。每次训练,他都会反复练习每一个动作,直到自己满意为止。有一次,教师安排了足球体能训练,要求学生进行YOYO跑练习。当其他学生跑完全程,已经气喘吁吁,纷纷选择休息时,这名学生却默默地继续挑战自己的极限。

教学场景分析

在足球体能训练课上,教师首先应强调体能训练的重要性,并分享足球运动员如何在比赛中保持充沛的体力;其次要根据学生的体能水平进行分层训练,为不同层次的学生制订不同的训练计划和目标,同时教授学生正确的呼吸和恢复方法,帮助他们在训练中更好地调整状态;最后可以该名学生为榜样,教导其他学生学习他的勤奋刻苦、坚韧不拔的精神,挑战自己的体能极限。

二、足球项目可以培养学生团结协作、互帮互助的精神

在足球比赛中,学生需要相互配合、合作取胜。在足球技术训练中,学生也需要紧密合作,你攻我守,配合练习,共同进步。

教学场景 4

在学习足球基本技能，如传球、射门、控球等时，有些学生过于强调个人技能的展示，而忽视了与队友的配合。

教学场景分析

教师应强调足球是一项团队运动，个人技能的提升需要与团队配合相结合。在教学中，教师可以设计一系列需要两人或多人合作的练习，如双人传球练习、小组控球练习等，让学生在实践中体会团队合作的重要性。通过合作练习，学生逐渐认识到团结协作的价值。

教学场景 5

在足球战术教学中，学生往往对战术的理解不够深入，且在比赛中难以有效沟通执行战术。

教学场景分析

教师可以先详细讲解战术原理和应用场景，然后再通过角色扮演和模拟比赛的方式，让学生在实践中理解并熟悉战术。同时，教师应强调团队沟通的重要性，教授学生简单的沟通术语和手势，以提高战术执行的效率。通过战术讲解和实践演练，学生不仅能够深入理解战术要点，还能够在比赛中有效沟通，提高战术执行力。

教学场景 6

在足球体能训练中，学生往往因疲劳或困难而放弃，且缺乏互助精神。

教学场景分析

教师可以鼓励学生在体能训练中互相帮助、互相鼓励。对于体能较差的学生，教师安排体能较好的学生予以辅助和支持，共同完成训练任务。通过互助训练，学生不仅能够增强体能，还能够培养相互帮助、共同进步的精神。

教学场景 7

在足球教学比赛中,有些学生过于强调个人表现,缺乏与队友的配合和协作,导致比赛效果不佳。

教学场景分析

教师要强调团队合作的重要性,并通过讲解和示范向学生展示如何与队友进行有效的沟通和配合。在比赛中,教师要观察学生的表现,对于团队配合出色的,及时进行表扬;而对于团队配合不佳的,在比赛后进行分析和指导,帮助学生认识问题所在,并鼓励他们在下次比赛中加以改进。教师通过引导和表扬,培养了学生团结协作的意识,使他们明白只有通过团队合作,才能取得更好的成绩。

三、足球项目可以培养学生克服困难、挑战自我的精神

足球运动作为一项富有挑战性和竞争性的体育运动,可以培养学生在困难面前不屈不挠、挑战自我的精神。在这片广阔的绿茵场上,每一次挑战高难度的动作,每一次与强大对手的较量,都是学生展示自我、超越自我的展示。在足球训练中,学生不仅要面对身体上的挑战,更要克服心理上的障碍,学会在压力下保持冷静和坚定。这种经历不仅锻炼了学生的意志和毅力,更让他们深刻理解只有不断挑战自我、突破自我,才能在激烈的竞争中取得胜利。因此,足球运动不仅是一项体育运动,更是一种精神的磨砺和升华,它让学生在挑战与超越自我中不断成长和进步。

教学场景 8

有一名学生在足球技术上一直存在瓶颈,尤其在射门环节,他总是无法准确地把握射门的角度和力度,导致射门经常偏离目标。

教学场景分析

面对这个问题,教师专门为他制订了一套有针对性的训练计划。在训练中,教师首先分析他的技术问题所在,然后通过一系列练习帮助他逐步改进。从基础的射门姿势和动作开始,到不同角度和距离的射门练习,教师耐心地指导他,并给予他充分的鼓励和支持。经过一段时间的刻苦训练,这名学生的技术瓶颈终于得到了突破,在比赛中,他多次打入关键进球。这个过程不仅提高了他的技术水平,更让他学会了如何面对挑战、克服困难。

教学场景 9

在高强度的足球体能训练中，学生可能会因身体疲劳或遇到困难而感到沮丧，难以坚持。

教学场景分析

教师可以制订渐进式的体能训练计划，从易到难，确保学生能够在逐步适应的过程中增强体能。同时，教师要注重激励和引导，鼓励学生挑战自己的极限，并在必要时提供支持和帮助。通过足球体能训练中的自我挑战和突破，学生学会了如何在困难面前坚持不懈，培养了挑战自我的勇气和毅力。

教学场景 10

在足球比赛中，学生遇到比分落后、关键失误等逆境，容易产生挫败感和焦虑情绪。

教学场景分析

比赛开始前，教师应强调心态的重要性，教授学生如何保持冷静和自信。在比赛过程中，当学生遇到逆境时，教师要及时给予指导和鼓励，帮助学生分析原因、调整策略，鼓励他们保持积极的心态，勇于面对和逆转困境。通过比赛中的逆境应对，学生学会了如何在困难面前保持冷静和自信，培养了在逆境中坚持不懈、勇于挑战自我的精神。

四、足球项目可以培养学生尊重他人、遵守规则的精神

在足球场上，每一名学生都扮演着重要的角色，他们的行动直接影响着比赛的进程和结果。因此，学会尊重他人的观点和决策，对于学生来说至关重要。同时，足球比赛的规则是公平的、客观的，要求每一名学生都必须遵守。在比赛中，学生不仅要尊重裁判的判决，更要尊重对手的才华和努力。这种尊重他人、遵守规则的精神，不仅在足球场上有着广泛的应用，更是学生未来步入社会、融入集体所必备的品质。因此，足球运动在培养学生技能和体能的同时，更重视他们精神层面的成长和提升，真正实现了体育与德育的完美结合。

教学场景 11

在一次足球比赛教学中，教师发现一名学生在比赛中经常违反规则，如越位、手球等。

教学场景分析

为了让这名学生认识到自己的错误，教师可以在比赛结束后单独与他谈话。谈话应注意技巧。首先，教师应指出学生在比赛中违反规则的行为，并强调遵守规则的重要性。其次，教师可以通过一些例子让学生明白只有遵守规则，比赛才能公平、顺利进行。最后，教师可以鼓励学生在未来的训练和比赛中自觉遵守规则，为团队的胜利做出贡献。通过这次经历，这名学生深刻认识到了遵守规则的重要性，并在后续的训练和比赛中自觉遵守规则，展现了公平竞赛的精神。

教学场景 12

在模拟裁判实践中，学生由于不熟悉裁判方法或缺乏自信，出现判罚错误或不果断的情况。

教学场景分析

教师可以先向学生介绍裁判的基本方法和技巧，再通过角色扮演的方式，让学生模拟裁判进行判罚。对于判罚错误或不果断的情况，教师应给予及时的指导和反馈。通过模拟裁判实践，学生能熟悉裁判的工作，提高判罚准确性，增强自信心，同时培养其在比赛中尊重规则的意识。

教学场景 13

在观看和评价比赛时，学生可能会因个人喜好或受情绪影响，出现不尊重其他球队或球员的行为。

教学场景分析

教师应强调尊重他人、遵守规则的重要性，让学生认识到每个人都有自己的优点和缺点，且足球比赛是一个团队合作和竞争的过程。教师还应提醒学生在评价时保持公正和客观，尊重他人的努力和成就。教师通过引导和提醒，帮助学生树立尊重他人、遵守规则的意识，培养良好的品德和社交习惯。

五、足球项目可以培养学生拼搏进取、奋力向上的精神

足球运动作为一项富有激情与活力的体育运动，不仅锻炼了学生的身体素质，而且在无形中培养了学生拼搏进取、奋力向上的精神。在这片绿茵场上，每一次奔跑、每一次抢断、每一次射门，都展现着学生不畏艰难、勇往直前的决心和勇气。通过足球训练，学生

不仅提高了自己的技术水平，更在潜移默化中树立了一种积极向上、拼搏进取的生活态度，为未来发展奠定了坚实的基础。

教学场景 14

在足球体能训练中，学生因体能消耗大、训练难度大而产生退缩或放弃的想法。

教学场景分析

教师可以通过故事分享、榜样引领等方式，向学生传递拼搏进取、奋力向上的精神力量。同时，教师可以在训练中设置适当的挑战任务，鼓励学生突破自我、超越极限。此外，教师应强调坚持和毅力的重要性，帮助学生树立正确的价值观。教师通过引导和激励，培养学生拼搏进取、奋力向上的精神，使他们能够在面对困难和挑战时保持坚定的信念和积极的态度。

教学场景 15

足球比赛结束后，学生因输了比赛而情绪波动或缺乏进一步提升的动力。

教学场景分析

教师可以组织学生进行赛后总结，分析比赛中的表现和不足，并提出改进建议。同时，教师应肯定学生在比赛过程中的积极表现和拼搏精神，赞扬学生的努力和付出，鼓励他们继续努力提升。教师通过赛后总结和反思，帮助学生认识到自己的优点和不足，培养他们勇于面对挑战、不断进取的精神。

教学场景 16

在足球比赛教学中，学生因对规则理解不透彻或对裁判方法不熟练而出现失误。

教学场景分析

教师可以组织学生进行足球比赛，让他们在实际比赛中应用所学的规则和裁判方法。同时，教师应进行巡回指导，及时纠正学生在比赛中的违规行为，提供裁判方面的建议。通过实际比赛，学生将所学的规则和裁判方法应用到实践中，培养了拼搏进取、奋力向上的精神，增强了责任感和荣誉感。

六、足球项目可以培养学生荣辱不惊、逆境前行的精神

足球运动作为一项竞技性极强的体育运动，可以培养学生荣辱不惊、逆境前行的精神。在这片绿茵场上，胜败乃兵家常事，而如何面对胜败更能考验一个人的内心和品格。足球比赛充满了不确定性，即使是实力强大的队伍也可能遭遇意外的失利。然而，正是在这样的逆境中，学生学会了如何保持冷静和坚定，如何在失落和挫折面前不屈不挠。他们明白了一次失败并不能决定一切，重要的是如何在失败中吸取教训，如何在逆境中坚持前行。这种荣辱不惊、逆境前行的精神，不仅适用于足球赛场，更是学生未来面对生活挫折和困难时的宝贵财富。因此，足球运动不仅是一项体育竞技，更是一场精神的洗礼，它让学生学会了如何在逆境中坚韧不拔、勇往直前。

教学场景 17

在模拟比赛中，当学生所在队伍比分落后或面临对方强大防守时，学生容易出现焦虑、失落的情绪，甚至产生放弃的念头。

教学场景分析

教师可以在比赛暂停时，引导学生分析比赛形势，调整战术布局。同时，通过心理引导，帮助学生调整心态，鼓励他们要相信自己的能力，积极面对逆境。通过心理调适，学生培养了荣辱不惊、逆境前行的精神，在面对逆境时能够保持冷静和自信，积极寻找突破口。

教学场景 18

在足球体能训练中，学生遇到困难和挑战时，容易产生挫败感和焦虑情绪。

教学场景分析

教师应在训练过程中关注学生的心理状态，鼓励他们面对挑战时保持冷静和积极的心态。同时，教师可以分享一些在逆境中前行的实例，激发学生的斗志和毅力。通过心理调适，学生培养了荣辱不惊、逆境前行的精神，在面对困难时能够保持冷静和坚韧不拔的意志。

教学场景 19

在一场比赛中，由于主力队员受伤和状态不佳，一些替补队员得到了上场的机会。虽然替补队员在之前的比赛中鲜有出场机会，但他们并没有气馁和放弃，因为在平时训练中教师教导他们要随时做好上场比赛的准备，替补队员和主力队员都是足球队的一分子，不可或缺。他们利用这次机会展示了自己的实力和潜力，为队伍做出了重要的贡献。他们的表现也激发了其他队员的斗志和信心，让整个队伍焕发出了新的活力。

教学场景分析

教师应充分把握这种让替补队员学习和展示的机会。要让这些替补队员深刻领悟"机会总是留给有准备的人"的道理，让他们更加珍惜和把握每一次出场的机会。

第六章 武术课程中的思政元素及教学运用

武术是一项以技击动作为主要内容，以功法、套路和搏斗为运动形式，注重内外兼修的中国传统体育项目。它是经历漫长的历史发展而形成的内容丰富精深、社会价值广泛、文化底蕴深厚的中国特有的体育文化形态，在"一招一式"中折射着中华智慧，在"一拳一路"中体现着中华精神，在"一技一理"中内隐着中华文明。武术课作为一门极具思政价值的课程，通过开展武术理论教学，可以帮助学生了解中华优秀传统文化的哲学思想、美学思想、人文精神，增强文化自信；通过开展"武德文化"教学，可以帮助学生体认历代习武者所追求的思维模式、道德信仰、行为操守；通过开展"套路""散打""兵道"的技能教学，可以帮助学生在强健体魄、掌握防身技能的同时，培养"以礼为先、以德服人"的高尚品格，"勤学苦练、吃苦耐劳"的坚强意志，"尊重裁判、尊重对手"的规则意识，"不畏失败、勇于突破"的挑战精神。

一、武术项目可以培养学生的道德修养

武德是指武术中的道德修养，是从事武术活动的人在社会活动中所应遵循的道德规范和所应具备的道德品质，是武术文化的核心内涵和外在彰显。在武术发展过程中，历代习武者都将武德作为行为操守，它是一种精神追求和人生态度。在"全面贯彻党的教育方针，落实立德树人根本任务，培养德智体美劳全面发展的社会主义建设者和接班人"的时代语境下，武德作为一种独特的道德规范，包含明善恶、知礼仪、爱国家等诸多方面的内容，以武术活动为载体主要表现在习武、传武和用武等场景中。在武术教学过程中，教师引导学生理解和践行武德精神，对于培养学生的道德品质具有重要的价值和意义。

教学场景 1

在武术（套路、散打、短兵）礼仪规范教学中，教师通过讲解"抱拳礼""器械礼""注目礼""鞠躬礼""抱兵礼"的含义，引导学生在训练和比赛中尊重对手、尊重他人，感知武术礼仪所包含的文化内核：谦虚、礼让、恭敬、尊重、宽容、自律、真诚、平等、和善等。

教学场景分析

教师要向学生强调应深刻理解中华民族自古以来就具有的"仁义之国、礼仪之邦"的民族特性，并要求学生在武术教学实践中践行这些礼仪规范，以此培养学生为人谦逊、克

己复礼、尊师重道的道德规范。

教学场景2

在日常教学过程中，教师可以通过讲解武德谚语，帮助学生树立正确的习武动机，落实德育工作。例如，"未曾学艺先学礼，未曾习武先习德""拳以德立，无德无拳""武德比山重，名利草芥轻"……让学生懂得武术并不是暴力，它推崇的是仁爱与正义，绝不用以欺负他人。

教学场景分析

在课堂教学中，教师可以根据学生的行为表现，用激励性的语言和方式来表扬和奖励践行武德的学生，用批评性的语言和方式来纠正和惩戒违背武德的学生，使学生在日常教学实践中不断体悟尊师重道、崇德重义、谦虚有礼的武德精神，最终成长为文武双全、有礼重德的习武人才。

教学场景3

在武术短兵技术动作（劈、砍、斩、刺）教学中，教师要坚持将规范性、有效性作为技术教授的核心。当学生出现过度击打、盲目击打等背离项目发展理念的错误技术动作时，教师要教育和引导学生本着现代武道和体育运动竞赛的精神，遵循武术短兵项目所倡导的"斗智、斗勇"的发展理念，杜绝"斗气、斗狠"，强调使用"有控制的技术"和"不以伤害为目的的技术"，避免出现"非竞技短兵器技术动作""无明确得分意识的盲目技术动作""过度击打"等现象。

教学场景分析

教师要引导学生有序、有效地使用技术，杜绝好勇斗狠、不择手段，践行武德仁心。

教学场景4

在武术短兵竞赛口令与手势教学中，教师要在理论教学和实践应用中规范学生在"赛前""赛中""赛后"各种执裁口令和手势的使用。

教学场景分析

教师要指导学生在反复练习中熟悉和掌握正确的口令与规范的手势，通过实践操作让学生体认"礼仪贯穿始终"的项目特征，感受和践行武术短兵项目中的武德规范与要求。

教学场景 5

教师利用室内体育课的时间，组织学生观看武术题材的影视作品，如《霍元甲》《叶问》《精武英雄》等。

教学场景分析

教师结合影片内容，通过讲解与分析，引导学生：① 从影片中感知习武之人敢于担当的勇气和大义凛然的气魄，培养学生在面对困境时迎难而上的担当意识；② 从影片中感知习武之人在艰难时刻不卑不亢、不畏生死的民族气节，培养学生的爱国精神和家国情怀；③ 从影片中感知中华民族的骨气与血性，引领学生传承和弘扬中华民族的正气。

教学场景 6

教师可以组织学生观看国内、国际武术套路比赛视频，如"世界大学生武术锦标赛""亚运会武术项目比赛""中外散打搏击对抗赛"视频。

教学场景分析

一方面，通过观摩高水平的武术套路竞赛，学生可以感受高水平武术套路运动员的技术水平，感受散打运动员在比赛中表现出的为国争光的强烈使命感、勇于拼搏的顽强精神；另一方面，通过观看其他国家运动员参与武术竞赛的情况，学生可以感受武术的国际化推广，培养学生对所学专业和项目的热爱，帮助学生建立责任感和使命感，进一步增强文化认同和文化自信。

二、武术项目可以培养学生吃苦耐劳的品质

古语有云："吃得苦中苦，方为人上人。"学武术的苦，只有练过的人才知道。对于武术项目而言，"吃的是苦，磨的是志，练的是体，强的是心"。所谓"冬练三九，夏练三伏"，就是指想要练好武术，需要日复一日、年复一年的付出，需要持之以恒、坚持不懈的努力。因为武术技能的学习和掌握，对柔韧、力量、速度、协调、耐力等素质都有较高的要求，在这一过程中必然会伴有韧带的疼痛、肌肉的酸痛、心肺的疲劳，甚至会有受伤情况的发生等。只有吃苦耐劳，才能克服这些肉体的痛苦，才能达到提高技艺的目的。通

过身体的磨炼、心志的磨砺，培养学生勤奋刻苦、果敢顽强、勇于挑战的良好习性和意志品质。

教学场景7

在武术套路教学中，学生学习具有一定难度的技术动作时，会出现畏难情绪而不敢练习，如"旋风脚360°+跌仆""鲤鱼打挺""外摆莲360°+雀地龙""旋风脚360°+跌竖叉"等。教师可以通过语言激励，选择"由简到繁、由易到难"的教学方式，循序渐进地引导学生进行练习。

教学场景分析

在教学实践中，让学生体认"习武之人，不怕苦，不怕累"，"不怕吃苦受罪，为的就是能练出一身真功夫来"，有效塑造学生坚强的意志品质及不惧困难、勇于挑战的精神。

教学场景8

武术（套路、散打）基本功练习是枯燥的，学生在重复练习某些基本功、基本技术时，会表现出厌烦情绪和懈怠态度。

教学场景分析

教师可以通过讲解基本功练习的重要性，使学生懂得基本功是习武的基础，基本功练习是一种功法积累的过程，想要达到技艺的娴熟，必须循序渐进，日积月累，持之以恒。同时，教师要以此延伸到学生的日常学习，让学生懂得"万丈高楼平地起，一砖一瓦皆根基""学习从来无捷径，循序渐进登高峰"的道理，培养其正确的学习观。

教学场景9

在体能训练中，由于强度大、易疲劳，学生出现"停下来""做不动"等情况。

教学场景分析

这时，教师应及时给予激励，鼓励学生在规定时间内完成对应的训练科目和内容，这有助于达到磨炼学生的意志品质、塑造学生心理韧性的目的。

三、武术项目可以培养学生勇于挑战的精神

中国武术有两种表现形式：一种是套路演练形式，即武术套路；另一种是格斗对抗形式，分为徒手对抗的武术散打和持兵器对抗的武术短兵。在武术散打、武术短兵的教学过程中，实战对抗是必不可少的课程内容。在实战对抗中，对于参与的双方，不仅是技术、技能的较量，更是心理、意志的竞争；不仅是在对抗对手，更是在战胜自我，战胜内心的恐惧和不安。通过对抗的方式，学生学会了在面对困难时如何保持冷静，如何运用所学的技能和策略来应对，培养了敢于直面内心的恐惧、勇于超越自我的勇气，从而能够更加自信和勇敢地迎接未来的挑战。

教学场景 10

当学生在实战对抗中出现心理畏惧时，教师要通过心理疏导和语言激励，让学生懂得实战对抗的目的和意义，鼓励学生积极参与对抗练习，通过参与竞技对抗来强大内心，培养勇敢品质。

教学场景分析

在武术散打、武术短兵教学中，教师通过组织散打实战对抗、短兵实战对抗的练习，培养学生敢于对抗、勇于挑战的精神。

教学场景 11

在散打实战对抗、短兵实战对抗练习中，会出现输赢的结果。教师要在比赛结束或课后点评时，引导学生正确对待比赛的输赢。赢在哪里？输在哪里？什么决定了输赢？学生通过体验成功与失败，锻炼应对挫折和失败的能力，正确看待挫折，微笑面对输赢，即使面对失败，也能保持勇气和信心，最终能够正确看待人生道路上的成与败。

教学场景分析

教师应在实践中培养学生"胜不骄、败不馁"的体育精神，进而塑造学生积极向上、永不言败的性格。

四、武术项目可以培养学生的规则意识

早在春秋时期左丘明所著的《左传》中，就有"武德有七"的论述。随着武术的发展，各拳种流派也都有自己的"门规""戒律""戒约"，并有"三不传""五不传""十不传""八戒律""十要诀"等作为规范习武者行为的准则，并渗透到习武者的思想和言

行中。中国武术协会也曾经发布过《武德守则》和《习武十戒》。《武德守则》：热爱人民，精忠报国；弘扬武术，以德为先；崇尚科学，求实创新；强身健体，文武兼备；遵纪守法，伸张正义；维护公德，尊师爱生；爱岗敬业，勤学苦练；团结友爱，谦虚谨慎；诚实守信，知行统一；仪表端庄，礼貌待人。《习武十戒》：不准有辱国格人格，危害社会治安；不准拉帮结派，搞宗派门户争斗；不准宣传伪科学，搞封建迷信活动；不准搞非法敛财，牟取暴利；不准淫乱、赌博，参与毒品活动；不准打架斗殴，恃强凌弱；不准搬弄是非，破坏团结；不准营私舞弊，唯利是图；不准酗酒滋事，制造事端；不准骄傲自大，出言不逊。可见，武术项目对于习练者有着严格的规范和约束。因此，武术课堂应当是一个严肃的教育场所，能有效地培养学生遵规守纪的规则意识，帮助学生树立正确的人生观与价值观。

教学场景 12

在武术散打理论和实战教学中，教师通过组织学生进行竞赛规则的学习和应用，指导学生正确理解进攻技术、防守技术，对禁击部位和犯规行为形成准确认知，强化学生的规则意识。

教学场景分析

教师要让学生懂得"无规矩不成方圆"的道理。社会中处处有"规矩"，也正是有了规矩，我们的生活才会如此美好和谐。教师应从遵守竞赛规则，延伸到遵守国家的各项法规制度。

教学场景 13

在武术散打、武术短兵实战对抗教学和裁判实践实操过程中，当参与实战的学生对充当裁判的学生的判罚存在异议时，教师应当教育和引导学生做出正确的应对：要以尊重裁判的判罚为先，同时保持冷静和理智，选择通过合理渠道申诉。在实际比赛中，裁判可能会出现错判和误判，首先应该接受他们的决定，而不是试图挑战或抗议。过度的情绪反应可能会让我们失去控制，导致更严重的后果。其次应该进行理性的分析，通过正常渠道向相关机构提出申诉，提供详细的证据和理由，以便有关方面能够更好地了解情况并做出公正的裁决。

教学场景分析

教师应培养学生尊重裁判、尊重比赛、尊重规则的意识，由此升华到国家法治建设的重要意义：全民守法、守规则，是有利于国家富强、社会和谐、人民幸福的选择。

教学场景 14

在短兵实战对抗训练中,教师要通过对禁击部位、得分部位、得分标准、犯规行为及处罚等的认定与讲解,深化学生对规则的认识。

教学场景分析

教师通过实践教学和指导,让学生懂得了在短兵实战对抗中哪些技术的使用是现行规则允许的,哪些技术的使用是不被允许的,如何在规则的约束下合理有效地使用各种技术技法,从而培养了学生的规则意识和守则能力。

五、武术项目可以培养学生的传统文化素养

武术作为一个具有深厚历史和文化底蕴的民族传统体育运动项目,承载着丰富的历史和文化内涵。武术拳法招式中所表现的攻守进退、动静疾徐、刚柔虚实等内容无不与中国传统哲学思想的本体论、阴阳学说、太极哲理及五行思想等息息相关;武术拳法招式中的形式美、造型美、结构美、劲力美、意境美、节奏美等要素无不与中国传统美学思想所倡导的"气、韵、形、神、意、阳刚、阴柔"等审美意境一脉相承。教师在武术教学中,通过武术文化知识的教授与拓展,帮助学生感知和了解中华传统文化的内涵,增加文化底蕴、增强文化认同、提升文化自信。

教学场景 15

在太极拳教学中,要通过调节呼吸实现身心的和谐统一,让学生懂得和感知传统哲学中人与自然"和谐共处""天人合一"的思想;要通过方位、手法、步法、劲力的变化达到和谐统一、巧妙灵活的效果,让学生懂得和感知阴阳转化的辩证思想;等等。在形意拳教学中,要懂得和了解五行拳结合了金、木、水、火、土五行思想,分别为劈拳(金)、钻拳(水)、崩拳(木)、炮拳(火)和横拳(土),其十二形拳是仿效十二种动物的动作特征而创编的实战技法,分别为龙形、虎形、熊形、蛇形、鲐形、猴形、马形、鸡形、燕形、鼍形、鹞形、鹰形。

教学场景分析

在不同拳种(包含器械)套路的技术教学实践中,除开展技术技能训练以外,教师还应向学生讲解不同拳种(包含器械)的发展历程、文化特征、技术风格等内容。通过对不同拳种(包含器械)知识的拓展介绍,可以丰富学生对传统文化的认知,增强文化自信和民族自豪感。

教学场景 16

在武术技术教学中，教师要引导学生在技术动作的演练上，以"动如涛、静如岳、起如猿、落如鹊、站如松、立如鸡、转如轮、折如弓、轻如叶、重如铁、缓如鹰、快如风"为标准和要求，展现武术所追求的动作美、节奏美、造型美、劲力美等审美情趣，从中感知和体认传统审美文化所倡导的形神之美、意象之美等。

教学场景分析

教师要借助形象的描述和具象的示范，帮助学生了解技术动作所具有的审美意蕴，从而使他们感知武术之美。

第七章
乒乓球课程中的思政元素及教学运用

作为我国的"国球",乒乓球在我国的政治、经济、体育和文化等事业发展中发挥了重要作用。作为学校体育教育的重要课程,乒乓球课程不仅有利于学生拥有健康体魄,而且对其正确价值观的树立和健康人格的塑造具有重要价值。

乒乓球有自身的运动规则,在比赛及训练中,不仅可以呈现公正、公平的体育竞技精神,还可以凸显运动员敢于拼搏、坚韧不拔的意志。例如,刘诗雯在一次比赛中多次跌到谷底,但最终凭借其天赋与毅力"反杀",实现了完美逆袭;丁宁在历经多次挫折和失败后,凭借自身打不倒的精神和顽强的意志,最终登上事业的高峰;樊振东面对巨大压力,勇于扛起中国国家乒乓球队的大旗,在卡塔尔公开赛中面对韩国及日本的威胁奋力拼搏。这些故事所呈现的责任担当、为国争光、不屈不挠、发奋图强等都是"国球"精神的体现。而比赛结束时,运动员和对手、裁判的握手,则是其道德素养的展示。"乒乓外交"的重要历史价值、世界冠军背后的国家力量和支持等,都能够让学生深刻感受到乒乓球运动所具有的文化和精神内涵。竞赛虽然激烈,但爱国意识、创新思想、拼搏精神、国家荣誉感和团结协作、艰苦奋斗的品质等熠熠生辉,都需要学生加以发扬和传承。

一、乒乓球项目可以培养学生的爱国主义精神

"胸怀祖国,放眼世界"是每一名中国乒乓球运动员的奋斗目标和理想追求。坚持祖国荣誉高于一切,将爱国主义摆在首位,也是"乒乓精神"的内涵体现。通过优秀运动员事迹及"乒乓精神"的宣传,将其折射到学生平时的训练和比赛中,督促学生顽强拼搏、不断超越自我,将爱国主义精神代代相传。在教学中,教师通过引导学生感知和了解乒乓球的历史文化,激发学生的爱国主义情怀,凝聚爱国主义共识。

教学场景 1

> 学生初学乒乓球时,往往对该项运动知之甚少。乒乓球虽然上手容易,但速度快、技法多,学生比较容易受挫。

教学场景分析

为了提高学生的积极性,在讲授乒乓球发展历程时,教师可以向学生重点讲解乒乓球历史发展过程中的重点人物和重点事件。如容国团 1959 年获得中国乒乓球乃至中国体育界第一个世界冠军,乒乓球自此被奉为"国球",成为国家运动的象征;再如"乒乓外

交""小球转动大球"等。诸如此类重大历史事件的导入，会在潜移默化中培养学生的爱国主义精神。

教学场景 2

熟悉乒乓球器材并配备适合自己的器材是打好乒乓球的前提。有些学生不太会选器材，选择了不适合自己的球拍，不仅影响发挥，还容易受伤。

教学场景分析

针对这种情形，教师应有意识地教授球拍相关的科学知识。教师不仅可以介绍器材的种类、性能及品牌，还可以向学生讲述相关的历史故事，如"红双喜"的由来。1959年容国团为中国赢得第一个世界冠军，让中国人站在了世界的舞台上。当敬爱的周总理听到这一消息时，他认为容国团夺冠和中华人民共和国成立十周年是两件同样重要的大喜事。于是，他将当时中国上海首次生产出来的乒乓球命名为"红双喜"。对这些相关历史故事的了解，学生能更深切地感受到爱国主义精神的现实体现。

教学场景 3

在乒乓球体能训练中，经常会涉及速度练习、灵敏性练习、耐力练习等。很多学生在这个过程中会感觉枯燥、疲惫，从而懈怠，并产生畏难情绪。

教学场景分析

这时，教师可以通过讲述"乒乓精神"的具体内涵，引导学生进行刻苦训练，强化学生的爱国主义情怀，激发学生训练的热情，使学生通过实际行动践行爱国主义精神。通过课堂体能训练，学生可以增强身体素质，不断强健体魄，激发爱国主义精神，并将其内化于心、外化于行。

二、乒乓球项目可以培养学生的集体主义精神

集体是个体成功的基础和前提条件，通过乒乓球训练，可以培养学生的集体主义精神。但是，学生在平时的练习中主要关注个人能力的提升，对团队、集体的认识或有所不足。

在课堂常规训练中，单球对练、多球训练需要学生之间互帮互助、团结协作。乒乓球中的双打比赛、团体比赛，要求学生在比赛中群策群力、团结奋斗，凝聚集体力量和共识，齐心协力追求集体的成功，团结一致发扬集体主义精神。这种互帮互助的精神也体现

在学生的日常生活中，通过日常实际行动，学生诠释着集体的优势与力量。

教学场景4

在团体教学比赛中或者代表学校外出比赛时，很多学生通常只想着自己，只希望自己的比赛成绩好，而对队友的成绩或团体成绩漠不关心。

教学场景分析

教师应多举实例，鼓励学生团结奋斗，学习中国国家乒乓球队"一致对外，赢得世界冠军"的行为。贺龙元帅当年提出的"国内练兵，一致对外"的战略方针，在中国国家乒乓球队得到始终不渝地贯彻。乒乓球队是一个强大的集体，为了实现夺取冠军的目标，许多人为了集体的利益放弃了自己多年的梦想。诸如此类的案例了解得多了，学生在思考问题时就更有大局观，更能有集体观念。

教学场景5

在乒乓球技术教学运用到多球训练法时，通常需要学生通力合作，供球和练球的角色不断互换。而学生对这些方面往往关注不够。

教学场景分析

在这个过程中，教师要不断提醒学生，供球者一定要根据练球者的状态或需求发出相应的球，甚至可做出相应的观察和指导，以让练球者完成高质量的练习。练球者也要快速领会供球者的供球水平及意图，一场练习结束后，两人共同快速捡起所有球，进行下一场的练习，两者在练习互动中得到共同提高。教师通过引导和激励，可以培养学生的集体主义精神。

教学场景6

乒乓球比赛中的双打赛及团体赛考验的是团队成员间的配合默契，但是在实际备赛过程中总会出现一些问题。个别学生会认为同伴技术水平不如自己，会拉低自己的竞技能力，影响比赛成绩。

教学场景分析

在这种情况下，教师要在教学过程中发挥主导作用，组织参赛学生进行统一练习，引导学生互帮互助，积极稳定双方心态。在正式比赛过程中，班级学生相互鼓励，一起为班级争夺荣誉。比赛结束后，教师可以在课堂上对表现突出的学生进行表扬，增强班级凝聚力，让学生感受集体的优势和力量。

三、乒乓球项目可以培养学生的创新精神

创新精神是一个民族进步的灵魂，是一个国家兴旺发达的不竭动力。创新也是中国乒乓球持续发展的根本保证，是中国乒乓球长盛不衰的重要因素。

教师可以向学生介绍：中国乒乓球队历来大力倡导创新，且创新是多方面的，包括技术创新、打法创新、训练方法创新、器材和工具创新等。乒乓球项目中体现的创新精神对学生是一种内在激励，使学生明确创新精神的价值所在，鞭策学生在日常生活中不拘泥于固有思维，敢于创新、善于创新。

教学场景 7 ▶

在乒乓球发球训练中，由于发球技术是唯一不受对方来球制约的技术，可按自己的战术意图发出不同旋转、不同落点的球，因此发球是比赛中创造得分机会的主要技术。但学生在发球技术练习中可能意识不到这一点或产生畏难情绪。

教学场景分析

教师可以在教授学生发球技术时，将世界前沿的发球技术介绍给学生。发球技术在不断创新发展，如下蹲砍式发球、勾手发球等。教师应鼓励学生大胆尝试，勇于创新，使学生认识到创新的重要性，培养学生自主探索、勇于创新的精神。

教学场景 8 ▶

技术全面是乒乓球运动的重要要求。在乒乓球反手技术教学中，学生在掌握一般的反手推挡和横板反手攻球后，教师还应向其重点介绍直拍横打技术，这是我国运动员的首创技术，但是这项技术的教授和学习存在一定难度。

教学场景分析

教师可以向学生介绍：这项技术增强了进攻性，堵塞了直板反手的漏洞，使20世纪80年代末惨遭重创的中国直板快攻打法终于看到了希望。在技术教学过程中，学生逐渐认识到创新的重要性，突破自我认知的能力得到提高。

教学场景 9

在乒乓球教学中，循规蹈矩的学生较多，等待教师传授技法的学生较多。面对这样的情形，教师应鼓励学生多思考、多创新。

教学场景分析

教师在教授乒乓球正手快点技术的同时，可以强调隐藏在运动技能背后的创新精神。正手快点技术是李振恃在实际经验基础上进行的技术创新，常用于处理台内下旋球，回球具有攻击性，可以打破对手的台内控制。教师应让学生了解不同的创新性技战术打法，鼓励学生将其应用到实际训练和比赛中，在实际比赛中积极思考，寻找适合自己的技战术风格。在这一过程中，潜移默化地培养了学生的创新精神。

四、乒乓球项目可以培养学生勤奋刻苦、坚韧不拔的精神

乒乓球技术看似简单，但是想要掌握其中的技巧和奥秘，需要进行无数次重复练习。在单个技术动作的不断重复练习中，潜移默化地培养了学生勤奋刻苦、坚韧不拔的精神。如乒乓球步法、弧圈球等技术，都是在平时训练中一点一滴积累起来的。从单个技术动作的不断夯实巩固，到实现各个动作间的串联，从而为结构化技能教学做好铺垫。通过乒乓球实践活动，学生克服了畏难情绪，敢于迎难而上。

教学场景 10

在弧圈球技术教学中，由于弧圈球是乒乓球进攻的主要手段，也是主要战术如发球抢攻、接发球抢攻等的必备手段，同时由于技术动作较为复杂，要求多关节、多肌肉群协调一致发力，难度较大，学生往往出现学习困难。

教学场景分析

在进行这项技术的教学时，教师应不断强调该技术的重要性，并鼓励学生用大量的时间不断地重复练习。在练习过程中，教师也要不断提醒学生刻苦训练、精益求精，并向学生灌输"台上一分钟，台下十年功"的思想。学生在亲身体验中，不仅技术得到了提升，还培养了刻苦勤奋、坚韧不拔的精神。

教学场景 11

观看比赛是乒乓球教学的主要手段之一，但是怎么看、看什么，学生往往不太容易把握重点和要点。

教学场景分析

教师带领学生赏析世界大赛时，除让学生了解比赛中运动员的技战术运用情况以外，还可介绍优秀运动员在训练中刻苦勤奋、在赛场上顽强拼搏的实例。如 2001 年大阪世界乒乓球锦标赛男团半决赛，中国队对阵韩国队时，刘国正力挽狂澜的经典一幕。让学生在感受激烈比赛的同时，更能体会到乒乓球运动员刻苦勤奋、坚韧不拔的精神。

教学场景 12

一名学生在学校运动会乒乓球比赛中由于某项技术掌握欠佳而输掉比赛，因此认为自己没有乒乓球运动天赋，在后来的课堂上不想学习，产生了厌学情绪。

教学场景分析

教师应及时对该生进行思想引导，组织其观看我国优秀乒乓球运动员刻苦训练后取得优异成绩的视频，让其深刻理解"台上一分钟，台下十年功"的具体内涵，使其认识到只有刻苦训练，才能取得成功。教师要鼓励学生不断进行实践，在实践中培养学生坚韧不拔的精神。

五、乒乓球项目可以培养学生尊重对手、遵守规则的精神

乒乓球规则贯穿教学、训练和比赛的全过程，对学生的行为起到引导和约束作用，是每一名学生都必须遵守的行为准则。因此，教师在学生平时的基本技战术学习和训练过程中，应强化学生的规则意识，帮助学生养成遵守规则的习惯。教师可以借助于课堂比赛，帮助学生树立正确的胜负观，培养学生尊重对手、遵守规则的精神。教师应鼓励学生将外在的行为约束转变为实际行动，在将来步入社会后，可以做到遵守社会规则，成为遵纪守法的社会好公民。

教学场景 13

在一次教学比赛中，一名学生因输球丢掉了面子，踹挡板发泄情绪。针对学生的不良情绪，教师应及时进行引导。

教学场景分析

考虑到学生的情绪波动，教师应在课后与该名学生进行谈话。在谈话过程中，教师首先对该名学生的技术掌握情况及课堂比赛表现进行深入客观的分析，指出该名学生的技能特长。在此基础上，教师对比赛失败的主客观原因进行阐述，帮助学生了解自身情况，鼓

励学生树立正确的胜负观，做到尊重比赛规则。

教学场景 14

在乒乓球比赛规则教学中，教师讲解完理论知识后，通常会带领学生进行模拟实践体验。在模拟裁判练习中，教师发现个别学生存在紧张焦虑的情况，害怕因误判而受到质疑。究其原因，主要是学生执裁经验不够丰富，模拟练习次数不足，对比赛规则的理解不透彻。

教学场景分析

教师应带领学生多进行模拟裁判练习，解答学生的问题与困惑，对乒乓球比赛规则进行详细介绍，及时帮助学生调整心理状态。通过模拟裁判练习，可以提高学生对乒乓球比赛规则的重视程度。

教学场景 15

乒乓球是技能类运动项目，由于乒乓球本身体积小，所以在比赛中选手的一些技能技巧很难被发现。在观看乒乓球比赛视频时，学生可能会因自身知识储备不足而存在偏见，对裁判的判罚产生错误的观点。

教学场景分析

教师应强调遵守规则、尊重裁判的重要性，辅助学生进行比赛分析，指引学生做出公正、客观的评价，使学生发现自身对规则内容的掌握存在欠缺，从而加强对规则内容的学习。

第八章
羽毛球课程中的思政元素及教学运用

羽毛球是一项广受欢迎的大众体育项目，既可进行激烈的对抗比赛，也可开展双人或多人趣味游戏，对抗性、趣味性及普适性强。羽毛球运动上手快，只需掌握一定的基本挥拍击球技术即可开展练习，但若想练好，则需要较为全面、扎实的专项技战术做保证。羽毛球项目的技战术学练、比赛中蕴含着极为丰富的思政元素和思政价值。

一、羽毛球项目可以培养学生勤奋刻苦、坚韧不拔的精神

羽毛球技术看似简单，但如果想运用自如、技术精湛，就需要经过成千上万次重复练习。而在单一技术练习中，要克服枯燥、身体极限等困难，练习者需要具备勤奋刻苦、坚韧不拔的精神。如"网前搓球""移动步法""后场杀球"等技术，在做同样动作的重复练习的过程中会遇到困难和挫折，练习者需要坚持不懈，勇敢面对。

教学场景1

在网前搓球技术教学中，一般会进行多球训练。当反复练习时，学生会因练习枯燥而出现厌学情绪。

教学场景分析

这时，教师可以运用言语引导："请不要小看这个简单枯燥的练习，比赛中精准、高质量的搓球技术背后是无数次单一练习。只有那些勤奋刻苦、精益求精的人，才能收获成功！"教师通过言语鼓励，让学生坚持学练，克服厌学心理，激励学生最终掌握网前搓球技术。

教学场景2

在教学中，学生往往会遇到技术挑战，比如后场杀球技术，当学生感到为难、沮丧甚至挫败，觉得自己难以掌握这项技术时，教师可以和学生分享故事案例，激发学生的毅力和勇气，让其明白在面对困难时要克服畏难情绪，坚信只要自己刻苦练习，再难的技术都有掌握的那一天。同时，教师还可以教授学生训练的方法，给予学生实际的技术指导，帮助学生更好地掌握后场杀球技术。

教学场景分析

教师可以积极引导学生思考困难和挫折带来的人生考验，鼓励他们用勤奋刻苦、坚持不懈的练习去改进技术，不断挑战自己。通过案例教学，教师不仅可以培养学生勤奋刻苦、坚韧不拔的精神，还可以教会他们如何面对困难和挫折，提高他们的技术水平和综合能力。

二、羽毛球项目可以培养学生团结协作、互帮互助的精神

羽毛球比赛设有双打比赛和团体比赛，要求队员在比赛中互相配合、互相帮助，通过团队合作来取胜。在羽毛球技术训练中，同样需要紧密合作，你攻我守，配合练习，共同进步。

教学场景 3

在羽毛球课堂上，教师可以设计一个混合团体比赛的练习（男单、女单、男双、女双、混双）。每组学生都要团结协作、互帮互助，共同商量出场顺序，制定战术，赛前以巧妙的排阵、赛中以合理的技战术运用取得比赛的最终胜利。在比赛过程中，学生需要相互沟通、相互鼓励，共同克服困难。如果遇到问题，比如某个队员技术不够稳定，教师可以借助这个机会教育其他队员给予其鼓励和支持。教师可以引导队员倾听队友的建议，互相激励，共同进步。

教学场景分析

通过这样的练习，学生能够体会到团结协作、互帮互助的重要性，培养团队意识和品德素养。

教学场景 4

在羽毛球课堂上，教师可以设计一个技术合作练习，要求学生分组进行。每个小组的学生需要相互配合、互相协助，共同练习特定的技术。例如，在学生学会正手发高远球后，可以让一名学生练习正手发球，另一名学生练习接发球，通过相互配合来提高发球和接发球技术。如果在练习过程中遇到困难，比如学生不够专注、回球比较随意、两人无法有效地配合完成练习，教师可以借助这个机会教育学生团结协作的重要性。

教学场景分析

教师可以运用言语引导学生思考如何更好地相互协作，比如"在隔网类运动项目练习中，陪练是非常重要的，陪练学生出球质量的好坏直接影响主练学生的练习效率，如果你在练习时，你的搭档不认真对待呢？"通过这样的练习，可以培养学生团结协作、互帮互助的精神，提高他们的团队意识和合作能力。这种教学场景可以让学生体会到团结协作的重要性，培养他们积极向上的团队精神和互帮互助的品德。

三、羽毛球项目可以培养学生克服困难、挑战自我的精神

在羽毛球训练中，学生时常会遇到技术动作变形、发力方式不当、细节技术不稳定等困难，他们需要迎难而上，在挫折和失败中磨炼自己的心性和意志，培养克服困难、挑战自我的精神。

教学场景 5

在教学实践中，尤其在学习一项新技术时，学生往往会出现技术动作不规范、技术无法进行实际运用等情况，比如正手高远球技术。

教学场景分析

在学习过程中，学生可能会萌生挫败心理，觉得自己无法掌握该项技术。这时，教师可以通过言语进行启发式引导，培养学生自主发现相关动作的错误的能力。

教学场景 6

在专项体能训练课上，教师组织"极限挑战"训练活动，让学生在"一口气"内尽可能地完成跳绳双飞练习，记录每次跳的个数。随着练习的进行，一些学生因技术不娴熟或体力不支，在没有跳到 100 个时就感到疲惫，想要放弃。此时，教师接过一名学生的跳绳，问大家："你们猜猜我一口气能完成 300 个吗？"教师前几次假装在几十个、一百多个的时候就断，装出很可惜、很累的样子，这时肯定会引得大家哄笑，有的学生还会说："老师，你也不行嘛！"教师可以用积极的语气鼓励自己坚持下去，完成 300 个的挑战甚至更多，在学生得到休息的同时，激励他们继续挑战自我，突破极限，打破纪录。

教学场景分析

在这个活动中，学生一旦坚持下来，不仅可以提高专项身体素质，还可以学会在困难

面前不放弃，勇于挑战自我。

四、羽毛球项目可以培养学生尊重他人、遵守规则的精神

在羽毛球运动中，我们坚持"德行第一"的原则。无论是在日常训练还是在比赛中，尊重他人都是非常重要的。孔子说："己所不欲，勿施于人。"体育也是如此，我们要有宽宏的气量和包容的心。在羽毛球比赛中，有一系列的规则需要遵守，培养学生的规则意识，可以让学生学会在规则框架内行事，还可以培养学生的纪律性和自律性。

教学场景 7

学生刚接触羽毛球项目时，对该项目的礼仪不太了解，肯定会出现球打下网、打到场外或落在两人中间区域等情况，这时大家可能都自顾自整理球拍或擦汗喝水。

教学场景分析

教师可以在一阶段结束时，利用学生休息时间向一名学生发出挑战，让大家一起观摩比赛。在比赛过程中，教师主动失误，展示专项基本礼仪，不论输赢都主动捡球并从球网上方交给对方。在挑战中可能还会出现运气球或者球击打到对方身上，这时教师要举手示意，动作语言可适当夸张一些，通过这种方式潜移默化地让学生形成尊重他人、遵守礼仪的良好品质和修养。

教学场景 8

在羽毛球课堂上，教师可以设计一个小型的羽毛球比赛。在比赛开始前，教师向学生详细介绍比赛规则，并强调比赛中的公平竞争原则。学生被要求遵守比赛规则，尊重裁判和对手，并且不采取任何违规行为。在比赛过程中，教师可以担任裁判，及时指导学生并纠正他们的错误。

教学场景分析

羽毛球作为一项体育运动，不仅可以提高学生的身体素质和技术水平，更重要的是可以培养学生尊重他人、遵守规则的精神。通过合作与尊重、遵守规则与公平竞争等教学案例，学生在羽毛球课上真正体会到这些价值观的重要性，并将其应用到日常生活中。这样的教学方法不仅能提高学生的思政素养，还能为他们的成长和发展提供全面的支持。

五、羽毛球项目可以培养学生积极进取、奋力向上的精神

羽毛球项目可以提高学生的运动技能和身体素质，培养学生积极进取、奋力向上的精神。教师在教学过程中应关注学生的个性特点和发展需求，因材施教，帮助他们发现并发挥自己的潜力。通过这些措施，可以更好地促进学生的全面发展，培养其综合能力和未来的竞争力。

教学场景 9

在羽毛球课开始时，教师可以引导学生设定个人和团队目标。例如，学生可以设定在本学期内提高羽毛球技能、增强体能或参加校内外比赛等目标。教师通过系统的训练计划，教授学生羽毛球的基本技能，如发球、接发球、步伐移动、击球技巧等。在训练过程中，教师强调不断尝试和改进的重要性，鼓励学生在面对挑战时不放弃，持续努力。场上移动步法是基础中的基础，每个人身高不同、习惯不同，在场上跑出的步法也是不一样的，但每个人都可以在自己现有的基础上再加快。教师可以组织前后移动或左右移动等步法练习，可多人同时进行，相互比赛，看谁最快，谁用时最短。

教学场景分析

教师可以引导学生在比赛中保持积极的态度，即使面对失败也要从中学习，不断进步。通过这些方式激励学生，培养他们面对困难不退缩、勇于挑战的精神。

教学场景 10

在羽毛球课后期，学生基本熟练掌握了技术，可能会有所懈怠，这时就要通过一些比赛来让学生发现问题、解决问题。比赛结束后，教师先让输掉比赛的学生自己反思为什么会输，之后再帮助学生总结问题所在，"对症下药"。在之后的课上，学生对掌握的技术精益求精，不断提升自己，经过一阶段的练习后，再次挑战对手、战胜对手，然后寻找新对手、战胜新对手，在这个过程中积极进取、奋力向上。

教学场景分析

通过这样的教学案例，不仅能提高学生的运动技能，还能有效地培养学生积极进取、奋力向上的精神。

六、羽毛球项目可以培养学生荣辱不惊、逆境前行的精神

在羽毛球比赛中，学生经常会面临各种压力和挑战，无论是对手的强大实力还是自身的失误，都可能成为"逆境"。那些具有荣辱不惊、逆境前行精神的队员，会在遭遇困难时保持镇定，不被情绪左右，继续专注于比赛，并且努力克服困难，争取最终的胜利。这种精神不仅在比赛中有所体现，在训练和日常生活中同样重要。荣辱不惊、逆境前行的精神有助于培养学生的毅力和韧性，使他们能够在竞技场上展现出最佳状态，同时也可以成为日常生活中的宝贵品质，帮助他们应对各种困难和挑战。

教学场景 11

在理论课教学中，教师可以运用案例法，向学生讲述或播放"逆风翻盘"和"处理不当，最终葬送好局"两种结果的案例。

教学场景分析

通过这些案例，可以帮助学生明确积极的心态对一场比赛所起到的作用，让他们知道良好的心态和处理方式往往对局势走向起着决定性的作用。教师要教会学生不要因一时的失误而放弃，也不要因一时的成功而迷失自我；既能在顺境中乘势而上，也能在逆境中重振旗鼓。

教学场景 12

在羽毛球教学中，教师可以通过一些教学设计来帮助学生在逆境中前行，培养他们的坚韧和自信。首先，为学生设定一些具有挑战性的目标，如"提高技术水平""战胜强劲对手"等。这些目标可以激发学生的学习动力，同时也能让他们学会在逆境中寻找突破口。其次，设计模拟逆境情境，可以设定 0∶8 或 10∶18 等大比分落后的比赛，在刚开始时输的概率会很大。这时，教师要让学生学会在压力下保持冷静，并寻求有效的解决方案。教师应鼓励学生积极面对失败，教导学生失败并不可怕，重要的是要从失败中吸取教训并继续前行。对于遇到困难或逆境时情绪波动较大的学生，教师可以提供心理辅导和支持，帮助他们调整心态，重拾信心，找到自己的优势和潜力。

教学场景分析

通过以上教学设计，可以培养学生逆境前行的能力，让他们在面对挑战和逆境时能够保持乐观的心态、坚定的意志，不断成长和进步。

第九章

网球课程中的思政元素及教学运用

网球被称为世界第二大球类运动,在国际体育运动项目中属于运动大项,历史悠久,文化底蕴深厚。网球运动在提高身体素质、健全人格、锤炼意志等方面具有巨大的效能。网球文化具有深厚的底蕴,网球规则体现出平等、公平和规则意识;网球的竞技性体现出顽强拼搏、积极进取的竞争精神;网球的贵族性能够传递礼仪,其繁复的规则可以培养练习者的规则意识;网球技能的熟练掌握需要运动员长年坚持训练,有利于塑造坚韧的品质;而双打运动所需要的协作与配合,有助于培养练习者的合作精神。在分组合作练习中,学生之间相互纠错与激励,帮助其获得集体归属感与培养团队精神,而集体观念的形成也能让学生学会自我约束。

一、网球项目可以培养学生的责任感和职业精神

作为网球运动员,出战代表个人,亦代表国家,因此需要具备高度的责任感和职业精神。网球运动要求运动员在高压环境下保持冷静、专注,学会应对挫折与失败。教师可以通过相关案例教学引导学生理解竞技精神的重要性,培养他们在学习和生活中的专注力和竞争力。

教学场景 1

网球技术包括正手技术、反手技术、发球和截击技术等,学生在学习时常会遇到各种问题。

教学场景分析

教师发现问题后要一遍一遍地给学生讲解,指导学生认真、多次反复地练习;遇到学生技术掌握不好或者比赛状态不好的情况,要引导学生用积极的态度去应对挑战。通过这种技术教学,可以培养学生的耐心、专注力和自信心。

教学场景 2

在正手多球连续击打训练中,有些学生由于多次重复相同动作,产生了厌学的情况。

教学场景分析

针对这种情况,教师可以加以引导,告诉学生"在练习中要保持勤奋努力、兢兢业业的精神状态,纵使训练强度很大,并且一直在重复,也应该克服对枯燥练习内容的厌学心理,展现积极主动的职业素养"。

教学场景 3

在教学比赛中,教师安排一些学生作为裁判,并告知这些学生:"了解规则、执法公正是裁判体育道德的集中体现。"

教学场景分析

在比赛中,学生一定要严格执法、公平裁决,体现作为裁判应有的责任感。将体育道德的价值理念融入高校体育课程思政建设,是培养新时代体育人才的内在要求。

二、网球项目可以培养学生的工匠精神

工匠精神涵盖敬业、精益求精、专注、创新等多个方面。网球有着复杂的技术体系,是一项较难掌握的运动。教师通过引导学生养成专注、有耐心且精益求精的品质,可以帮助他们树立正确的职业观和价值观,提高职业素养和综合能力,为未来的职业发展奠定坚实的基础。

教学场景 4

反手削球是网球的一项进阶技术,也是可攻可守的一项重要技术。这项技术对细节要求非常高,教师可以让学生轮流送球到反手区域,并从旁引导,提醒学生身体肌肉发力的顺序、力量的控制、身体重心的稳定、脚步的移动和对球的判断及盯球所要求的高度专注等。

教学场景分析

教师要帮助学生改进动作细节,保证学生技术动作的合理性,以此来不断提高其网球技术水平,凸显工匠精神。

教学场景 5

在网球教学过程中,发球是一项难以掌握的技术。只有经过千万次的锤炼,才可能在场上占据主动位置。发球中一个很重要的环节就是抛球,教师可以带领学生侧对墙,练习直线上下抛球,这种练习枯燥但有效。

教学场景分析

在网球技术学习中,教师要引导学生保持高度专注,全身心投入,要思考技术动作的合理性及关注击球时的身体反馈;要让学生认识到网球技术学习是一个不断改进、精益求精的过程。学生通过对网球技术的学习和反思,培养良好的学习态度,把勤学苦练、精益求精、追求卓越作为自己的精神准则,无论以后做什么事,都以"勤学长知识,苦练精技术"来要求自己。

三、网球项目可以培养学生公平竞争、明礼诚信的规则意识

在体育比赛中,运动员需要遵守比赛的规则和裁判的判决,尊重对手,展现公平竞争的精神。这有助于培养他们的诚信意识和责任感,也有助于他们形成正确的竞争意识,养成良好的道德品质。单项大赛不允许参赛者接受场外指导,凸显了竞赛的公平性和公正性。网球运动也是最能体现一个人是否具有诚实守信品质的运动之一。业余的网球比赛大多采用信任制,即在无裁判的情况下,参赛者自觉遵守比赛规则完成比赛,这就对参赛者诚实守信的品质提出了较高要求。

教学场景 6

在网球教学比赛中,学生要尊重对手,公平竞争。教师可以提醒学生,比赛采用信任制,即在无裁判的情况下,自觉遵守网球比赛规则。

教学场景分析

教师要引导学生在比赛中公平竞争,发挥出自身的水平,不要在场上做一些破坏规则的事情,一时的胜利不代表成功,只有靠自己的真本事和人品,才能真正赢得别人的尊重。

四、网球项目可以培养学生永不言败、坚韧不拔的精神

网球比赛是力量的较量,也是技战术和心理素质的较量。网球比赛跑动范围大,对抗激烈,且在露天进行,运动员的体力消耗很大。网球比赛规则规定,要连得两分才算取胜一局,要连胜两局才算取胜一盘,否则便要无休止地比下去。可见,在网球比赛中,不仅

要勇敢拼搏,还要有坚韧不拔的精神。

教学场景7

在网球教学过程中,教师设置了一种特定的教学场景,即模拟比赛中的赛点时刻。在这一场景中,教师将比分设定为一局中平分阶段,必须连得三分才能取得胜利。

教学场景分析

教师设置这样的教学场景,利用赛点时刻激发学生强烈的获胜欲望,同时引导学生保持冷静、沉着的心理状态。这一过程不仅有效地提高了学生的网球技术水平,更重要的是锤炼了学生顽强拼搏、永不言败的精神品质,让学生深刻地认识到只要在困难面前永不言败、坚持到底,就能战胜困难、赢得胜利。

教学场景8

教师设置练习项目,要求学生在三分钟内进行全场不定点的移动,大范围地奔跑、救球、防守、进攻。在不停地移动过程中,还要注意回球的质量,这对于学生来说是一项非常大的挑战,每一拍都不能轻易放弃,每一次启动、扑救都是对意志力的考验。学生在最后一分钟阶段可能会因体力消耗过大而无法及时跑动,甚至在球落地前未能启动。

教学场景分析

教师要引导学生:"练好这个项目需要有坚持不懈的决心、突破自我的勇气、顽强拼搏的精神,不到最后一刻,决不放弃。"

教学场景9

在正反手基本功训练中,教师一般会组织学生进行多球的训练。在多球训练过程中,教师要求学生一个动作连续击打100次,学生对连续不间断的机械动作会感到疲惫。

教学场景分析

教师可以通过言语引导:"基本功训练是在帮助你们夯实基础,只有基本功扎实,才能在比赛中良好展示，你们的技战术运用必须有基本功做支撑。"教师要引导学生在练习中培养坚韧不拔、不轻易放弃的精神，坚持用正确的姿势完成既定要求的动作。

五、网球项目可以培养学生的耐心、毅力与专注力

网球比赛时长不可控，没有上限，这就需要运动员有足够的体力和毅力。在长时间高强度的对抗下，要保持高度专注，要有足够的耐心去与对手博弈，运动员需要有非常强大的心理承受能力和非同一般的意志。网球技术性强，灵活多变，需要长时间的练习和积累。在练习过程中，一遍遍地打磨技术动作是非常枯燥的，运动员需要具备坚韧的毅力。通过课程教学，教师可以引导学生理解成功需要付出努力和坚持，培养他们的毅力和耐心。

教学场景 10

教师设置练习项目，要求学生直线连续对打 30 次，规定区域只有单打线和双打线中间的范围，主要练习反手的准确性和稳定性。这项练习的重点在练习的时长和完成的质量上，学生可能会长时间达不到要求，从而会在思想和身体上达到疲惫峰值。

教学场景分析

教师要在不降低标准的情况下，鼓励学生耐心地从每一拍做起，要有不怕困难的精神和坚持完成的毅力，通过不断练习，完成计划，突破自我。

教学场景 11

教师设置上手发球练习项目，在两个区域的内角和外角分别摆放目标，学生必须依次发中 4 个区域的目标才算完成。这个项目的设置不仅是要提高学生发球的准确性，更是要培养学生的耐心、毅力与专注力。

教学场景分析

教师可以对学生加以引导，告诉学生发球起始就要想好发球的落点，不要被外界因素打扰；在发不到位的情况下，也不要气馁，这是一个比较漫长的过程。通过这个过程，可以培养学生专注、沉稳、有耐心、有毅力的品质。

六、网球项目可以培养学生独立思考、直面困难的精神

网球比赛和其他比赛不同，在全场比赛中运动员不能接受教练员的指导，只能独自上

场，因此独立思考成为网球运动员必须掌握的一项能力。网球比赛时长没有上限，可能在几小时的比赛中会遇到各种各样的问题，因此网球运动员比一般运动员更需要强大的意志力和长时间的稳定心理状态。

教学场景 12

网球发球技术是每一分的开始，教师引导学生思考发球的角度和发完球后的战术如何组合。

教学场景分析

通过网球发球技术训练，可以培养学生独立思考的好习惯。

教学场景 13

网前截击是很重要的技术，教师设置练习项目，一名学生站在网前，两名学生站在底线前面，对网前的学生持续进行全力的进攻。

教学场景分析

这项技术并不容易练好，面对非常快速且稍不注意就会被击中的危险来球，教师可以引导网前学生提前做出精准的判断，主动迎击来球。这个项目可以培养学生直面困难、不害怕、不退缩、不逃避的勇气。

教学场景 14

在教学比赛中，在比分领先的情况下，学生要继续扩大有利形势，保持住自身优势，在场上占据主动位置。在比分落后的情况下，学生要有面对暂时困难的勇气，通过心理的较量、战术的布置、耐心的等待，找到可以反败为胜的突破口。

教学场景分析

教师要引导学生积极面对挫折和失败，告诉学生比分处于胶着状态时要加强进攻，不能手软，没有坚韧不拔的精神是无法击败对手，赢得比赛的。只有经过历练，才能在以后的生活中面对挫折和困难时坚持到底，从而更加坚强和自信地应对生活中的各种挑战。

七、网球项目可以培养学生尊重对手、遵守规则的意识

网球运动蕴含着丰富的教育价值，它教会我们如何面对挑战、遵守规则、尊重对手，培养我们公平竞争和团结协作的精神。在网球比赛中，运动员需要遵守比赛的规则和裁判的判决，这有助于培养他们的诚信意识和责任感。

教学场景 15

在网球比赛中，遇到擦网球，要向对方举手示意；在对方两次发球都失误的情况下，不能鼓掌；在遇到对手出现受伤等问题时，要关心对手的情况，不能因为是对手，就不管不问；在比赛结束时，要和对手及裁判握手；等等。

教学场景分析

教师要引导学生在各个方面都体现出尊重对手、尊重规则的意识。

教学场景 16

在教学比赛中，教师制定比赛规则，前三拍不能进攻，只能相持，三拍以后可以正常得分。

教学场景分析

教师从旁引导："大家都要遵守规则，在合理运用规则的前提下进行比赛。懂得尊重他人是一个人的基本素养，只有尊重别人，才能得到别人的尊重。"

八、网球项目可以培养学生与人合作、勇于担当的精神

在网球教学中，教师与学生、学生与学生之间相互合作，才能让教学任务顺利完成。网球有双打和混双比赛，需要协同合作才能完成。网球课程可以培养学生团队合作的精神，让他们理解协同合作的重要性，并在未来的学习和工作中更好地与他人协作。

教学场景 17

掌握网球技术需要大量的练习，其中多球练习非常重要。教师可以安排学生以小组的形式互相配合，依次轮换，轮流送球，以帮助学生形成肌肉记忆。

教学场景分析

教师要引导学生认真地把球送到练习的指定击球位置，这不仅可以提高学生的练习密度，还可以潜移默化地培养学生的合作意识。

教学场景 18

教师设置双人"网球截击，同进同退"练习项目，在两人中间放置一条长 1 米左右的橡皮绳，两人各抓住绳子一头，要求对于任何一个来球，不论球打在哪个区域，两人必须同时朝来球方向移动，跑动中不能松开绳子。

教学场景分析

这个练习可以帮助学生了解双打必须在协同合作的前提下才能更好地完成。

教学场景 19

教师设置混双练习项目，男生负责大区域，女生只负责半边的双打区域。男生在混双练习中不仅要学会与同伴合作，还要承担更大范围的跑动和战术组织。

教学场景分析

教师要引导学生在保证自己不丢分的情况下，保护好同伴，给同伴创造得分机会。在此过程中，可以培养学生的绅士品质和勇于承担重任的责任感。

第十章

健美操课程中的思政元素及教学运用

健美操是一个以人体为对象，以健美为目标，以身体练习为内容，以艺术创造为手段，根据人体的生理、心理特点，融体操、舞蹈、音乐、美于一体的体育运动项目。健美操形式多样、内容丰富、简单易学，且不受年龄、性别、职业、身体条件、人数、场地、器材和季节等条件的限制，具有广泛的适应性，深受大众的喜爱。健美操锻炼价值高，经常进行健美操锻炼，可以提高身体各关节的灵活性，对肌肉、骨骼、韧带、心血管系统、呼吸系统和消化系统等都能产生良好的刺激，能够增进健康、增强体质、塑造形体、愉悦身心，达到健身、健美、健心的功效。因此，健美操教学中蕴含了极为丰富的思政元素和思政价值。

一、健美操项目可以培养学生的国家认同感、民族自豪感和爱国主义情怀

健美操运动于20世纪80年代初传入我国，以其特有的魅力和强大的生命力，在国内如雨后春笋般得到迅速开展。1995年12月我国首次派出3名运动员参加由国际体操联合会举办的在法国巴黎举行的首届世界健美操锦标赛。此后，我国竞技健美操水平提高很快，在2002年世界健美操锦标赛上，我国的团体和单项挤进世界前八名，实现了初步突破。2004年第八届世界健美操锦标赛，我国六人操获得第三名，首次实现奖牌零的突破。2006年第九届世界健美操锦标赛，中国队选手敖金平获得男子单人操冠军，实现了中国队在世锦赛上金牌零的突破。2008年，中国健美操队主教练王宏当选国际体操联合会健美操技术委员会副主席。中国竞技健美操在起点低、基础差的条件下起步，经过几代人的努力，竞技水平由弱到强，中国也逐步发展成为竞技健美操强国，取得了举世瞩目的成绩，为世界健美操运动的发展做出了杰出贡献。

教学场景 1

在健美操课程第一次课上，教师不仅要介绍健美操运动的概况，包括健美操运动的概念、特点、分类及锻炼价值，还要重点介绍我国健美操运动发展简史。

教学场景分析

教师通过讲述我国健美操运动发展简史和介绍历届优秀运动员在世界比赛中获得的优异成绩，可以使学生迸发出一种国家认同感和民族自豪感。

教学场景 2

音乐是健美操的灵魂，使健美操成为有声有色、有情有形的艺术体育项目。它不仅能唤起练习者的情绪，激发练习者的兴趣，而且能发展练习者的想象力和表现力，培养动作的节奏感和韵律感，促进身心的全面发展。健美操教学离不开音乐的伴奏，在进行健美操准备部分的热身运动，以及健美操基本步伐练习时，教师要注意健美操音乐环境的营造。

教学场景分析

教师可以选择节奏感强、韵律优美的中国风音乐，比如《中国范儿》《龙的传人》《大中国》《没有共产党就没有新中国》及一些民族音乐等，使学生在练习动作过程中，激发爱国热情，提高学习效果。

教学场景 3

教师给学生讲授竞技健美操竞赛规则、健身健美操竞赛规则时，按照比赛项目、比赛场地、比赛时间、比赛服装、难度动作要求、队形编排、音乐编排等方面的评分要求进行一一讲解。而对于如何扣分、如何评定一套动作的得分，教师往往采用比赛视频套路进行详细分析。

教学场景分析

教师可以播放我国选手参加重大比赛的视频作为示例，这将激发学生的国家认同感、民族自豪感和爱国主义情怀。

二、健美操项目可以培养学生吃苦耐劳、追求卓越的品质

健美操内容丰富，形式多样。健美操成套动作由多个组合动作构成，组合动作又由单个动作构成，且健美操动作需在音乐的伴奏下完成，对练习者的协调性、乐感有一定要求。健美操成套动作的质量高低取决于动作的准确性、规范性、熟练度、力度、幅度、姿态等方面，练习者只有经过反复练习，才能高质量地完成健美操成套动作。因此，在单个动作或组合动作练习中，学生要克服枯燥、身体不协调及乐感差等困难，具备吃苦耐劳、追求卓越的品质及坚韧不拔的精神。

教学场景 4

在健美操教学过程中，教师每教一个新的组合动作，学生就必须进行无数次的练习，才能熟练且高质量地完成。为此，教师需要安排学生通过个人练习、集体练习、分组练习等形式反复练习并掌握。在练习过程中，有些学生会按照教师布置的次数较好地完成练习，但是也有个别学生觉得能够完成了，在教师没有注意的时候"偷工减料"，没有达到教师要求的练习次数。

教学场景分析

此时，教师可以鼓励学生："高质量的动作是从量变到质变的过程，需要我们有耐心、有毅力地长期付出和努力，同学们不能浅尝辄止，要有吃苦耐劳、追求卓越的精神。"

教学场景 5

健美操内容丰富、形式多样，一般刚开始，学生比较感兴趣，因为学习动作简单，有音乐伴奏，且健美操的音乐具有鲜明的节奏感、韵律感和时代感，在不断变化的音乐旋律伴奏下，连续不断地重复和变换健美操练习动作，可使学生的兴奋程度不断提高。但是，随着动作的增多，练习难度增加，有些学生会出现手脚不协调、音乐跟不上、动作记不住等情况，这时学生会对健美操学习缺乏自信，从而逐渐产生焦虑、惧怕等心理现象。

教学场景分析

此时，教师要鼓励学生克服困难，发扬坚韧不拔的精神。教师可以举一些参加奥运会比赛的优秀运动员的事例，如敖金平如何从健美操技术的零基础最后成为中国优秀的竞技健美操运动员。无论是事业上的成功，还是个人成长，坚持都是实现目标的必要条件。正如水滴不断滴落最终能够穿透石头一样，只有坚持不懈地努力，才能克服困难，追求卓越。

教学场景 6

中小学校进行体育教师招聘时，对健美操专项的学生的要求不断提升，专项身体素质正成为制约其专业水平的关键因素。因此，健美操专项课教师在每堂课上都要安排学生进行专项身体素质训练，但在进行压腿、踢腿、劈叉、下桥、压肩等柔韧素质练习时，学生会感到非常害怕，有时甚至痛得难以忍受。

教学场景分析

在训练中，一方面，教师要提高学生对身体素质训练重要意义的认识，培养学生吃苦耐劳、勇于拼搏的意志品质，不断地给予他们鼓励和支持，使他们愿意为实现个人目标而努力付出；另一方面，教师也应采用有效的训练手段和方法，尽量使柔韧素质训练内容丰富、形式多样，使用多种辅助器材，激发学生训练的兴趣，使学生减少训练的枯燥感和无味感，从而更好地完成训练任务。

三、健美操项目可以培养学生把握正确的人生方向的能力

健美操的动作方向、位置变化是固定不变的，每一个基本步法都有特定的路线。若没有按照规定的动作路线完成，将被看作错误动作而被扣分。

教学场景 7

以学习健美操基本步伐 V 字步为例，教师要求出脚方向分别向左右脚的 45°左右方向，但是有些学生第二拍左脚会绕右脚后再出到左边。

教学场景分析

教师在纠正学生错误动作时，可以有意识地规范学生每一步的精确度。这将有助于学生在未来的道路上，踏实走好每一步，找准自己的定位，正确把握人生方向。

教学场景 8

大众健美操规定套路，上肢与下肢的动作固定不变，且每一拍的节奏都代表一个固定动作，教师要求学生在完成动作时，要严格按照规定的运动轨迹进行。

教学场景分析

教师要让学生体会操化动作的运动轨迹及走向，通过提问的方式，有意识地引导学生，让学生明白：按照规定的路线表现出来，不能随意改变路线，否则是行不通的。

教学场景 9

竞技健美操难度动作必须达到规定的要求，才算完成，且可以得到难度分值。如在转体 360°团身跳学习中，有些学生会出现偷转、转体不够或转体超过等现象。

教学场景分析

教师在纠正学生错误动作时，可以通过提问的方式，有意识地引导学生，让学生明白：若想难度分不被扣，必须按照规则的要求完成动作，不能随意改变，否则是行不通的。同时，让学生反思：人生也是如此，不能耍小聪明，要一步一个脚印，踏实走好每一步，不能偏离自己的人生方向。

四、健美操项目可以培养学生团队合作的精神

健美操课程从开始到结束都会有以团队形式进行的练习，如学习和复习组合动作、规定成套动作、动作组合创编、规定动作队形创编等，由教师安排小组进行，每个队员在团队中都扮演着不可或缺的重要角色。在团队协作学习中，学习快的学生会主动帮助学习慢的学生，个人利益会主动服从集体利益，这不仅能提高学生的人际交往能力，还能达到合作共赢的目的。

教学场景10

健美操课程分为理论课和实践课，而实践课又分为引导课、新授课、复习课和综合课。其中，复习课的主要任务是安排和指导学生复习并逐步提高动作的规格与质量，增强动作完成的协调性和美感。

教学场景分析

在复习课上，教师要注意选择恰当的教学方法，精讲多练，加大练习的密度，提高动作质量和身体机能。教师可采用分组练习法，这样易调动学生练习的积极性，提高学生分析动作和纠正错误动作的能力，同时还有利于教师实施个别指导，检查学生掌握动作的情况，也能培养学生相互帮助、团结协作的精神。

教学场景11

在健美操集体项目成套动作的训练中，教师要求学生进行目光的一致性训练、动作幅度和角度的一致性训练、动作速度的一致性训练、位置的一致性训练等，使学生在集体项目中从各个方面做到一致。

教学场景分析

健美操集体项目动作的一致性直接影响团队成套动作的得分。在一致性动作训练过程中，可以培养学生团结协作、互助合作的意识，提高集体荣誉感和团队责任感，为他们未

来步入社会后的团队合作打下坚实的基础。这种团队合作的训练不仅可以增强学生的沟通交流能力,也有利于培养学生的团队合作精神。

教学场景 12

健美操课程中的考核部分都有要求学生根据规定动作进行队形变化的创编、开始和结束造型的创编。若想在最后的展示和考试中呈现最好的效果,团队成员都要进行集体反复练习、强化练习、纠错练习,团队中如果有成员练习效果不佳,其他成员还要进行帮扶练习。

教学场景分析

在练习过程中,教师应强调团队成员必须团结一致,要具备吃苦耐劳、顽强拼搏的体育精神,一旦有队员出现懈怠、偷懒、抱怨等不良情绪或行为,必将对整个团队产生极大的负面影响。通过这种方式,可以为学生提供相互交流学习的机会,让学生懂得爱集体、爱同学、互相学习、互相帮助的意义,可以潜移默化地培养学生的集体意识,改变部分学生唯我独尊、自私自利的不良品质。

五、健美操项目可以培养学生的创新精神和创新能力

创新精神是一个国家和民族发展的不竭动力,也是一个现代人应该具备的素质。同样,创新是健美操的生命,是健美操创编的一项重要原则,没有创新就没有健美操的发展。健美操的创新应从多方面着手,如操化动作的创新、难度动作的创新、连接和过渡动作的创新、音乐的创新、移动路线和方向的创新、队形编排的创新等。从学生未来职业发展角度来看,创新精神是教法探索与学术研究之魂,是新时代体育教师必须具备的职业素养。新时代要求大力弘扬勇攀高峰、敢为人先的创新精神,因此,将创新精神作为健美操课程的基本思政元素至关重要。

教学场景 13

在健美操课程中,培养学生创新精神和创新能力的具体体现就是培养学生健美操创编能力。健美操创编能力是健美操教师必备的基本能力,也是健美操教师创造能力的具体体现。健美操创编主要包括健美操上下肢动作的创编、组合动作的创编、成套动作的创编及队形变化的创编和通过剪辑原创曲目创编新的套路音乐等。

教学场景分析

教师教完上肢动作后，可以要求学生采用排列方式，创编出两个八拍的上肢动作，并要求：① 两人一组进行创编；② 包括手臂的举、屈伸、绕和绕环；③ 有对称和不对称动作；④ 在规定时间内完成展示动作；⑤ 教师做出评价。通过这种教学手段，可以培养学生的创新精神和创新能力。

教学场景14

在健美操教学中，除学习规定套路以外，创编组合动作也是主要的学习内容之一。例如，教师教完基本步伐后，要求学生以小组为单位，用教师给出的7—8个基本步伐，创编4×8拍组合动作，并进行小组展示。

教学场景分析

此时，教师应将创新精神引入教学中，有意识地引导学生进行组合动作创编。通过创编教学，可以培养学生的创新精神。

教学场景15

队形变化是健美操集体项目比赛和表演的重要内容，队形的设计与创编直接关系到比赛成绩和表演效果。新颖、独特而有创意的队形及巧妙流畅的变化令健美操比赛和表演更具艺术性与观赏性。一套规定动作，由于队形设计与创编的不同，竟会产生截然不同的效果。健美操课程期末考试有要求学生以小组为单位，根据规定动作进行队形变化创编的内容。

教学场景分析

教师应激发学生潜在的创新意识，鼓励学生在创编过程中多看、多练、多总结、多实践，在学习的同时开发自身的思维潜能，编排一套属于自己的健美操动作。学生把创新思维融入创新实践活动中，可以最大限度地激发和培养自己的创新精神和创新能力。

六、健美操项目可以培养学生正确的审美观

健美操不单有强健体魄的作用，还有丰富的美学价值。健美操蕴含着动作美、音乐美、造型美、服饰美、队形美、表现美等。因此，健美操的美学价值对学生审美观的影响是多方面的，练习健美操有利于学生打造形体美、培养运动美、塑造音乐美、挖掘服饰美、培养精神美。学生在练习健美操的过程中不仅可以培养和提高自身对美的感受力、鉴

赏力、理解力、想象力和创造力，激发自身对美的追求，还会受到活泼、开朗、热情、奔放等健康因素的感染，对学习与生活充满激情和活力，获得自信与力量，使心灵为之净化，精神得到升华，情操受到陶冶，艺术修养获得提升，审美情趣得以发展，从而培养正确健康的审美观，掌握科学客观的审美标准，提高审美鉴赏能力，完善人格的建构。

教学场景 16

在健美操第一次技术课上，教师首先会教授健美操的手型、基本站立等动作，健美操的站立要求是两脚并拢，两腿挺直，小腹微收，自然挺胸，上体正直，两肩要平并稍向后张，两臂自然下垂，手指并拢自然微屈，中指贴于裤缝，头要正，颈要直，口要闭，下颚微收，两眼平视前方。在学习过程中，教师发现有的学生站立过于挺胸，出现骨盆前倾、塌腰、探颈、脊柱前移等骨态不正的现象。

教学场景分析

教师可以播放健美操比赛视频，让学生观摩健美操运动员所展现的形体美、健康美、素质美、动作美等，鼓励学生在后续的健美操课程中认真学习，正确认识身体形态美，树立正确的审美观。

教学场景 17

健美操动作讲究美，只有动作达到高质量、高规格时，才能充分体现动作的美感。比如，大众健美操中的基本步法练习，要求向前迈步时脚跟先着地再过渡到全脚掌，向后迈步时前脚掌先着地再过渡到全脚掌，踢腿时膝盖不能弯曲、绷脚尖、上挺直、力达脚尖，侧举时手臂要有延伸感，操化动作要有力度，等等。

教学场景分析

教师通过提高动作要求，并对学生所做的每一个动作进行正确评价，有意识地培养学生认识美、感受美、鉴赏美的能力。

教学场景 18

健美操的美学因素不仅决定了技术效果，而且是裁判评分的重要因素。教师带领学生外出比赛，有时会因学生的服装或妆容不符合规定而被扣分。

教学场景分析

这时，教师要再次向学生强调比赛规则中有关服装和妆容的具体要求，使学生准确理解并严格遵守。健美操比赛规则中对运动员服装做出明确规定，一是出于对运动员安全的考虑，二是强调健美操服装具有很强的审美性，要符合大众审美心理。运动员服装有助于引导观众树立正确的审美观。

第十一章
游泳课程中的思政元素及教学运用

游泳作为一项全身性的运动,能够有效提高学生身体素质,减轻学习压力,促进学生心理健康。游泳课程还为学生提供培养团队合作和安全意识的机会,这些技能在今后的职业生涯和日常生活中同样重要。

游泳课程所蕴含的思政元素主要体现在对学生品格与价值观的培养中。通过教学内容和教学方法的设计,可以引导学生树立正确的人生观、价值观和世界观,培养学生的责任感和爱国主义情怀;通过对水环境中的挑战与困难的克服,可以塑造学生坚韧不拔的品格;在游泳课程中,学生需要相互配合、相互鼓励,有助于培养学生的集体主义精神和团队合作能力;学习游泳需要克服对水的恐惧和不安,可以培养学生的自信心和勇气;水环境的不确定性可以培养学生应对意外情况的能力;等等。

一、游泳项目可以帮助学生克服恐惧心理

刚开始学习游泳,需要克服诸多困难来逐步提升基本技能。初学时,学生常常会遇到在水中重心不稳、口腔、鼻腔易呛水等情况,教师应通过正确的方法,引导学生逐步适应水环境,克服内心的恐惧。

教学场景1

游泳的运动环境不同于其他体育项目,由于水的密度比空气大,不会游泳的人在齐胸深的水中行走时,常会因过于紧张而感到胸闷、呼吸困难等,甚至会重心不稳寸步难行,因此初学游泳时必须适应水环境。

教学场景分析

在教学过程中,教师可以组织学生通过水中扶边行走、小组拉手行走、划水行走和水中跳跃等方法去适应水环境。在这一过程中,重要的是克服自身的恐惧心理,通过持续练习缓解和消除这种紧张的情绪。

教学场景2

初学游泳时，呼吸是一个重要的技术环节。游泳时的呼吸与在陆地上的呼吸方法不同，游泳时是用嘴吸气、用鼻呼气进行换气的。在这一阶段，学生由于紧张不敢把头浸入水中憋气，害怕呛水。

教学场景分析

教师要教会学生正确的方法，鼓励学生敢于把头浸入水中，克服怕水的紧张和恐惧心理，展现勇于挑战自我的精神。

教学场景3

游泳时身体需漂浮在水中，但初学时往往很难在水中掌握平衡，身体会极度紧张，容易下沉且左右摇晃，有些学生由于过度紧张，甚至手不敢放开池壁。

教学场景分析

此时，教师要有充分的耐心教会学生浮体练习，让学生逐步放松身体，学会抱膝浮体、俯卧展体和仰卧浮体等技能，同时也要鼓励学生有克服困难和恐惧的信心。

二、游泳项目可以培养学生吃苦耐劳的精神

想要更好地掌握游泳技术，学生需要长时间不断的重复练习，从而获得足够的运动能力。游泳不同于其他体育运动，水环境枯燥单一，加上需要较长时间重复练习，可以培养学生吃苦耐劳的优良品质。

教学场景4

游泳时身体俯卧或仰卧在水中，要长时间保持良好的身体位置，就需要打腿的耐久力，因此打腿能力尤其重要。但是，学生在实际的课堂训练中，会因长时间的练习而感到枯燥无味，甚至会有腿部肌肉酸胀、产生运动极点等不适反应。

教学场景分析

此时，教师应鼓励学生坚持再坚持，磨炼勤奋刻苦、坚韧不拔的意志，从而提升自我。

教学场景 5

游泳池内的比赛最长距离为 1 500 米，湖海等公开水域中的比赛可以达到 10 千米，由此可见游泳需要很强的有氧耐力作为支撑。

教学场景分析

在课堂的体能练习环节，教师可以根据游泳项目的特点，采用不同的体能练习方法，着重发展学生的有氧耐力。练习中除需要正确的技术和连贯协调的节奏以外，更多的是需要通过重复练习来提高水平。对于学生而言，在这个过程中不断努力与坚持，不仅能够展现不怕苦、不怕累的精神，更能够培养敢于面对苦难、坚韧不拔的意志。

教学场景 6

游泳时虽然身着泳装，但游泳池的水温大多在 26 ℃ ~ 28 ℃，人体的温度远高于这个温度，因此，很多学生下水后会感觉很冷，甚至打哆嗦；同时又可能因对水环境不适应而出现感冒等症状，往往坚持不下去。

教学场景分析

教师应引导学生坚持下去，其实只要能坚持，通过一段时间锻炼，就会很好地适应这种感觉，与此同时也是对自己意志力的一种锻炼，能够培养吃苦耐劳的精神。

三、游泳项目可以培养学生敢于拼搏的精神

游泳是一个在水中竞速的项目，与其他体育项目不同的是，它要克服比在陆地上运动更大的阻力，消耗更多的体力，且在水中游得越快，阻力越大。当快速冲刺时，学生需要克服体力消耗所带来的疲惫，一鼓作气，奋勇向前。

教学场景 7

在游泳课程中，学生经常需要在规定时间内完成一定游泳距离，如此重复多次的较大强度的运动会导致极度疲劳，学生容易产生畏难、厌学等不良情绪。

教学场景分析

在这种情况下，教师要鼓励学生敢于挑战、迎难而上，当感到累的时候，告诉自己再坚持一下就能完成，在不懈努力下实现目标并刷新个人纪录。

教学场景 8

在课堂自主练习环节，两名学生自发进行竞赛。一名学生一开始就铆足了劲向前冲，导致最后阶段因体力不足而输掉了比赛。而另一名学生通过合理分配自己的体力，在落后对手的情况下，敢于将日复一日艰苦训练的成果展现出来，越接近终点，越加速冲刺，最后赢得了胜利。

教学场景分析

教师可以此案例，告诉学生：游泳比赛并非总是一帆风顺的，一开始处于劣势是一件非常正常的事情，往往不到最后不知道谁会更快。当我们落后于对手时，要有敢于挑战自我、顽强拼搏、不断突破的信念，以及奋斗进取的精神。

教学场景 9

在学校举办的团体接力比赛中，经常会出现四名队员水平参差不齐的现象，这种情况在很大程度上会导致学生团体内部不和谐现象的发生。

教学场景分析

教师应发挥思想引导作用，告诉学生：游泳作为一个集体项目，需要队员间建立足够的信任，即使在队伍落后的情况下，队员也应互相鼓励，紧密地团结在一起，拼尽全力完成自己的任务，为队伍争取时间。在这种情况下，往往会创造令人意想不到的效果，不仅会极大地提高运动成绩，还能体现为了集体荣誉敢于拼搏的体育精神。

四、游泳项目可以培养学生乐于奉献、珍爱生命的精神

游泳除能增进健康以外，还能在遇灾遇险时进行自救或救人，军人、消防员、救援人员均需要掌握这项技能，充分体现了这项体育运动的价值所在。

教学场景 10

在防溺水教学中，教师除要教会学生防溺水基本技能以外，还要教会学生在意外落水时保持冷静、合理运用浮力支撑、正确呼救等自救技巧和自救技能。

教学场景分析

教师应告诉学生：技能学习非常重要，学会这些技能，就能在危险时刻延长等待救援

的时间，从而达到保护自身生命安全的目的。通过教学，培养学生的安全意识。

教学场景 11

在游泳救生教学中，学生不仅能学会很多救生器材（救生圈、救生绳、救生浮标等）的使用方法，还能学会心肺复苏、解脱等救生技能。

教学场景分析

教师应告诉学生：救生行为充分体现了高度的社会责任感，拯救了他人生命，让更多的人能够享受到生命的快乐。

教学场景 12

在游泳课程教学中，教师必须始终强调关注身体健康、预防运动损伤的重要性。在每次课前，教师都要提醒学生充分做好热身运动，避免肌肉拉伤、抽筋等意外情况的发生。

教学场景分析

教师要根据学生的身体状况和运动能力，合理安排教学内容和强度，确保每一名学生都能在安全、健康的环境中学习游泳。此外，教师还要定期为学生讲解运动损伤的预防和处理方法，让学生学会如何在运动中更好地保护自己。通过教学培养学生的安全意识、健康意识。

五、游泳项目可以培养学生遵守规则、追求卓越的精神

俗话说："没有规矩，不成方圆。"游泳比赛项目众多，泳式和距离各不相同，对技术的要求很高，规则能够在遵循项目规律的前提下，保证每一名选手在公平、公正的平台上进行较量。遵守规则是懂道理、守诚信的充分体现，能培养学生做一个正直善良的人。

教学场景 13

游泳比赛是在同样距离内比谁游得更快的项目，规则在游泳比赛中十分重要。在游泳比赛规则学习环节，由于学生个体的理解能力和学习能力不同，教师讲解完成后，仍然有部分学生对规则内容不熟悉。

教学场景分析

此时，教师要向学生详细介绍具体规则与裁判方法。通过对具体规则与裁判方法的学习，学生明白凡事要按规定执行，不能违反规定。

教学场景 14

在游泳比赛中，除自由泳可以用任意的泳式完成比赛以外，其他三种泳式均有详尽明确的技术要求，不能违反技术规定。

教学场景分析

在自由泳理论知识学习环节，教师应向学生介绍四种泳式中自由泳的阻力最小、推进力最为连贯，因此速度最快。如果在其他泳式的比赛中采用自由泳技术或错游成其他泳式，将被判犯规。因此，学生在校园比赛中，应选择自己最为擅长的泳式比赛，一旦在赛场上就必须按规则完成比赛，体现比赛的公平、公正，不能投机取巧。

教学场景 15

学校游泳队准备参加三个月以后的全国大学生运动会游泳比赛。在游泳课上，教师向队员们详细介绍了本次比赛的比赛规则。

教学场景分析

在带领学生外出比赛时，教师应对学生进行赛前培训，使学生能够清楚比赛具体内容和规则。通过教师对比赛内容与规则的具体解读，学生感悟到对待比赛一定要有认真的态度，保证规则的执行并且做到精益求精。

第十二章

短兵课程中的思政元素及教学运用

短兵起源于中国古代的击剑，历史悠久。短兵运动是两人手持融合了刀、剑、鞭、铜等兵器特点的短器械，遵照一定的规则，以剑术和刀术为主要攻防技法进行对抗的体育项目，它是以两人相较、相抗、相搏为对抗格斗形式的武术。

短兵运动不仅需要学生具备优秀的体能素质、敏锐的反应能力、高超的技术能力，还需要学生具备大局观，有战术意识。它对个人的素质要求很高，在日常练习中要求学生坚持不懈、勤奋刻苦；在实战对抗时需要学生审时度势，敏捷反应，不畏困难，快速打击。同时，短兵教学也注重学生的团结协作，在短兵对练中，两人必须互相信任、默契配合，才能安全高效地完成练习。总而言之，在短兵运动的理论学习、技战术学习、练习、比赛中都蕴含了极为丰富的思政元素和思政价值。

一、短兵项目可以培养学生的文化自信和爱国情怀

短兵的历史可以追溯到原始社会，在几千年绵延发展中，短兵吸收融合了兵法、阴阳辩证、和谐共生等思想，每个方面都被中国传统文化的古韵浸润。在服装选择方面，吸收了中国传统文化元素，采用外观酷似古代将士穿着的盔甲，象征古代军旅文化；在技法方面，劈、撩、点、剪、崩、挑、斩、砍、刺等进攻招式和格挡、架挡、拦截、垂闭等防守动作，都充分体现了中国传统武术的精髓；在诞生契机方面，短兵是抵御野兽、外敌，保护家国的重要手段，大到精忠报国，小到见义勇为，都体现出中国古代侠客精神。学生在学习短兵的历史起源、基本技法等理论知识时，能感受到中国传统文化的魅力，从而增强文化自信，迸发爱国情怀。

教学场景1

对于刚开始接触短兵项目的学生来说，并不能掌握短兵项目所蕴含的具体价值，且部分学生会觉得理论课堂教学十分无趣，从而对这个项目失去兴趣。

教学场景分析

在首次授课时，教师要向学生普及短兵的历史起源，利用视频、PPT等多媒体手段向学生展现短兵的历史价值、文化渊源、服装器具特点，激发学生对短兵的兴趣，提高短兵知识的积累。同时，教师也可以引导学生进行探究学习，让学生分小组进行短兵故事搜集，提高学生资料搜集与主动学习的能力。在学习过程中，学生领略了中国传统文化的渊

博与风采，加深了对短兵知识的了解，文化自信油然而生。

教学场景2

一些学生在短兵项目课堂学习过程中，对短兵基本技能的学习并不感兴趣，更喜欢双人对抗的比赛环节。

教学场景分析

在短兵技法学习过程中，教师要正确示范劈、撩、点、剪、崩、挑、斩、砍、刺、格挡、架挡、拦截、垂闭等技术动作，使学生感受到中国传统武术的猛快刚劲、收放自如，激发学生的学习兴趣，增强学生的民族文化认同感和文化自信。

教学场景3

在短兵劈击技术教学中，学生需要穿盔甲对练。有学生不知道为什么要穿盔甲，不理解短兵服装的文化内涵和实用价值。

教学场景分析

教师可以通过语言讲解短兵的历史和兵甲服装的内涵，讲述短兵服装保留盔甲特色是为了传承古代军旅文化，弘扬中华优秀传统文化，培养学生保卫家国的爱国精神。另外，盔甲也起到保护作用，是安全训练、比赛的保障，以此启发学生形成自卫自强的意识。

二、短兵项目可以培养学生重礼尊仪、崇尚武德的精神

区别于田径、体操、球类等运动，短兵有运动礼仪的规定。例如，有委以重任、授予重权，对人授以"信任"的双手递兵礼；有不辱使命、不负厚望、具有坚定信念和感谢师父教诲教育之恩的半跪接兵礼；有比武前向对手表示敬意的持兵礼；有比武获胜时向观众致敬感谢的举兵礼；有决斗后向对手表示敬意和谦虚的鞠躬礼；等等。这些礼仪体现了源远流长的武术精神和中国作为礼仪之邦的文明传承。此外，短兵也具有武术"点到为止"的武德内涵。短兵技术具有破坏性，但传统武术中的武德思想和武术短兵中的礼仪规范能够起到制约滥用武力的作用，蕴含"止戈为武"、倡导和平的传统文化思想。

教学场景4

在短兵练习中，学生不理解短兵礼仪的重要性，并且不能在实践中加以运用。

教学场景分析

教师要先向学生讲解短兵运动的礼仪，强调每种礼仪的动作要点、动作内涵及应用场景，然后再进行教学实践。师生互礼，学生在练习时互相行礼，使得学生在潜移默化中养成尊师重道、尊敬他人的优良品质。在此后的教学中，教师应将短兵礼仪贯彻全程，使学生养成重礼尊仪的习惯。

教学场景 5

在课堂反馈环节，许多学生发现自己并不能正确掌握短兵劈击技术。一些学生在学习中掌握了，但是在实战中不知道如何运用。

教学场景分析

在短兵劈击技术教学中，教师要强调正确的短兵劈击技术应在击打瞬间向前推送，旨在卸力以降低杀伤力，保护对手。在进行对练时，教师要指导学生以短兵棒前端劈击对方得分部位，在击打瞬间向前推送。通过言语提醒、肯定鼓励等引导学生在积极得分的同时保护对手，体现尚武崇德的精神，培养爱护伙伴、尊重对手的优良品质。

教学场景 6

在进行对练比赛时，A 学生为了打击得分获得比赛胜利，步步紧逼，在犯规边缘试探：短兵棒几次三番触碰到对手的咽喉，使对手惊慌失措，节节败退。最后，A 学生赢得了比赛。

教学场景分析

针对这种情况，教师要批评 A 学生，指出其为了取胜不择手段的行为违背了短兵的武德精神，胜利固然重要，但在公平、公正的基础上赢得胜利才更值得称颂。

三、短兵项目可以培养学生勤奋刻苦、坚持不懈的精神

短兵是技战术导向型运动项目，熟练掌握短兵技战术的前提是对基本动作的反复练习。夯实基础立足长期的、重复的练习，学生需要耐得住寂寞，进行上百次、上千次的劈击、砍打动作的练习，这个过程十分枯燥，也十分艰苦。学生必须忍受枯燥与乏味，克服身体和心理上的疲劳，不断学习以掌握基本的短兵技术动作，然后在重复练习中巩固动作并灵活运用技术，才能在实战对抗中一击得胜。在这个漫长的练习过程中，学生需要勤奋刻苦、坚持不懈。

教学场景 7

在短兵训练课上,教师要求学生反复进行基础训练。

教学场景分析

短兵运动要重视基础训练,不能小看重复练习的作用。只有通过长期坚持不懈的练习,才能提高技术,取得优异成绩。在日常短兵技术练习中,教师可以通过举例说明重复练习的必要性,同时强调勤奋刻苦练习的重要性。卓越的运动员背后付出的汗水和泪水不计其数,教师要鼓励学生通过反复练习取得优异成绩,以此培养学生勤奋刻苦的精神。

教学场景 8

在短兵训练课上,教师安排了大运动量的练习任务,很多学生无法坚持下去,甚至部分学生产生抵触情绪。

教学场景分析

此时,教师可以进行言语引导,鼓励学生坚持不懈,不轻言放弃,让学生明白日常练习中的每一次坚持都有可能为未来比赛赢得关键的一分,成功在于日常的积累,输赢就在毫厘之间,以此培养学生坚持不懈的精神。

教学场景 9

在日常学习过程中,一名学生的表现并不突出,但他始终认真学习,课上勤奋肯练,课后刻苦加练。他的技术动作越来越标准,打击技术越来越好,后在实战对抗中获胜。他勤奋刻苦的品质感染了其他学生,其他学生也开始刻苦学习。

教学场景分析

教师要关注学生的学习情况,注意发现勤奋学生的闪光点,发挥其榜样模范作用。

四、短兵项目可以培养学生戒骄戒躁、脚踏实地的精神

掌握短兵技术再进行实战对抗需要经历一个循序渐进的学习过程。先了解短兵的历史,学习短兵的礼仪,练习短兵的步法,掌握短兵的劈、撩、点、剪、崩、挑、斩、砍、刺等进攻招式和格挡、架挡、拦截、垂闭等防守动作,形成虚实相生的短兵战术意识,然

后才是实战演练。短兵项目的学习不是一蹴而就的，需要经历枯燥的积累过程，可以使学生养成戒骄戒躁、脚踏实地的良好习惯。

教学场景 10

在学习短兵的步法时，部分学生情绪浮躁，不能根据音乐节奏进行慢速近距离—慢速远距离—快速远距离的步法练习。

教学场景分析

教师要让学生明白循序渐进的重要性，只有基本功扎实，技术能力才有提升空间。在学习和生活中也是一样，处事要循序渐进，戒骄戒躁，脚踏实地。

教学场景 11

在课堂练习中，教师安排学生进行劈击技术中的追击头部练习，要求在原地劈击对方头部 5 次后，对方后退，我方跟进并快速劈击对方头部 5 次，练习 5 组。在巡回指导过程中，教师注意到一名学生与队友只练习了 2 次就在打闹，询问原因后得知，该名学生觉得自己已经掌握劈击技术，想正式对练比赛。

教学场景分析

教师要向学生强调重复的基本技术训练是强基之本，是将动作技术与肌肉神经有机联结的过程，不能好高骛远，应一步一个脚印，脚踏实地地练习。

教学场景 12

A 学生勤奋认真，不骄不躁，能够保质保量完成教师安排的练学任务。他的短兵技术动作标准规范，他被选中进行优秀动作展示。同学评价 A 学生学习认真，练习勤奋，在课上将每次练习都当作比赛尽全力发挥，在课后还经常复习巩固，是值得大家学习的榜样。

教学场景分析

教师评价时要指出 A 学生标准规范的动作离不开个人脚踏实地的努力，鼓励学生向 A 学生学习，戒骄戒躁，脚踏实地。

五、短兵项目可以培养学生不惧困难、勇敢拼搏的精神

短兵是以两人相较、相抗、相搏为对抗格斗形式的武术,其中免不了两人互相对抗的对战情况。有些学生性格内向,不喜争斗,但在你来我往的实战争斗中,学生能够克服恐惧,直面气势汹汹的短兵棒、步步紧逼的猛烈攻势,找准时机,迎难而上,突破对手的围追堵截。有些学生好胜好斗,但在短兵练习中学会审时度势、准确判断、勇敢拼搏,有战术意识地参加比赛。实战比赛可以培养学生不惧困难、迎难而上、勇往直前的拼搏精神。

教学场景 13

在实战教学环节,教师先与学生对练示范,演示在练习过程中可能存在的安全隐患并给出防范措施,消除学生参与实战的恐惧心理。

教学场景分析

教师要用言语鼓励学生积极参与,不论学生的对战结果如何,都应赞赏学生的对战勇气。

教学场景 14

一名胆子很小的学生经过心理建设,最终克服恐惧心理,进行实战对抗,勇于展现所学技术成果。虽然面对对手的攻势,他节节败退,但仍然找寻时机尝试击打得分,最后他惜败对手。

教学场景分析

教师要及时给予肯定评价。即使该名学生输了,但他不惧困难、迎难而上、敢打敢拼、勇往直前的拼搏斗志赢得了大家的赞赏,成为其他学生的榜样,激发了学生参与实战练习的激情。

教学场景 15

学生在对练比赛中畏首畏尾,动作不够舒展,不能很好地展现中国武者的胆识与勇气。

教学场景分析

教师可以通过讲述戚继光抗倭、郑成功收复台湾等民族英雄的光辉事迹，激发学生不怕困难、勇往直前的豪情，激励学生迎难而上，奋勇拼搏。

六、短兵项目可以培养学生严于律己、遵守规则的精神

没有规矩，不成方圆。短兵项目在不断发展，其比赛规则与裁判方法也在不断改进创新，其中涉及竞赛办法、得分标准、护具要求、器械规格、禁击部位、判罚尺度等各个方面。规则的演变与发展在一定程度上是为了适应人的需求与社会发展的需要，学生遵守规则的过程其实也是遵循社会准则，形成正确价值观的过程。在短兵运动的熏陶下，学生形成规则意识，做到严于律己，小则不去触碰运动规则所设定的边界，大则不去触碰道德法律的高压线。

教学场景 16

在实战对练前，教师通过 PPT、展板等教学工具讲解竞赛规则与判罚的知识，向学生普及正确的击打得分部位及比赛中的禁击部位，强调保护对手生命安全的重要性。同时，教师向学生强调要根据裁判"开始""暂停""结束"的指令，做到令行禁止，不得辱骂裁判及对手，要形成规则意识，尊重裁判及对手。

教学场景分析

教师要将短兵规则教育延伸到日常生活中，教育学生严于律己，遵循学校日常规范、遵守交通规则，践行社会价值观，形成正确的规则意识。

教学场景 17

短兵竞赛规则的禁击部位包括咽喉、裆部、手部等，而有效得分部位包括头顶、躯干、两腿。在一次教学比赛过程中，A 学生本想瞄准 B 学生的头部，击打头部得分，但 B 学生反应迅速，后仰避开了短兵棒，A 学生的短兵棒击空，意外触到 B 学生的咽喉。作为裁判的教师发出暂停指令，并就 A 学生攻击对方禁击部位做出警告的判罚。虽然 A 学生并非故意，但他承认自己打击了对手的禁击部位，接受教师做出的判罚。A 学生事后询问 B 学生的身体状况并道歉。

教学场景分析

A 学生所展现出的遵守规则、尊重裁判、关心对手的行为受到大家的赞赏，赢得其他

学生的尊重。课后教师对该名学生的行为进行了表扬，并鼓励他严格遵守比赛规则。

教学场景18

在教学比赛中，一名学生经常违反规则以获得胜利，严重违反了体育道德精神。教师在课后单独找他谈话，指出他在教学比赛中违反规则的行为不妥，再次向他普及短兵竞赛规则与判罚的知识，强调公平比赛、尊重对手的重要性。

教学场景分析

教师可以通过举反例，如一些运动员在比赛中违反规则取得了短暂的胜利却失去了民心与口碑，鼓励学生严于律己，通过勤奋学习提高技术，堂堂正正赢得比赛的胜利。

下 篇
体育课程思政案例

第一章

田径课程思政案例

案例1 从陈盆滨跑马拉松看体育的价值

案例描述

陈盆滨出身于台州玉环鸡山乡一个渔民家庭，14岁小学毕业后跟着父亲出海捕鱼，过着"讨海人"的艰辛生活，他的愿望是多捕鱼、多赚钱，改善生活条件。2000年，一场乡镇的俯卧撑比赛，让他猛然意识到自己的潜力。在这场比赛中，有很多精兵强将，每人都能做150多个，可陈盆滨一口气做了438个，最后还是有人推他一把才停下来。毫无疑问，他拿了第一名，并获得了600元奖金，这是他人生中的第一个冠军。从此之后，陈盆滨做出了常人难以想象的事，他报名参加各种吉尼斯挑战赛、国际国内户外跑赛、世界各地极限马拉松赛。陈盆滨回忆，刚起步时最难，甚至借了钱交报名费。后经亲友介绍，他进了苏泊尔公司，当上"名誉员工"，才有了经费的保障。"如果没有公司的赏识和埋单，我很难走到今天。"陈盆滨说道，"一家民营企业要养我这样一个'闲人'，不是谁都能理解的事。"10年前，马拉松与普通人距离遥远，更别说极限跑。很幸运，他碰到了同样喜欢跑步的老板，两人惺惺相惜。他以一天5小时训练量鞭策自己，"我干最轻松的活，报销也最宽松，不跑出成绩真对不起老板"。当初，陈盆滨没有任何的专业训练背景，不和运动员体质沾边。许多人质疑，他只是荷尔蒙过剩的"疯子"，也能算"运动员"？同样以捕鱼为生的父亲认为，他的儿子就是不务正业，靠这些乱七八糟的比赛能养活自己？

体育的力量到底有多大？对于陈盆滨来说，运动场上的每滴汗水都是人生中最宝贵的财富。体育运动能强身健体练意志，人生的轨迹也因此而改变。

凭着过人的身体素质和耐力，2002年，陈盆滨第一次参加马拉松比赛，穿着皮鞋的他以3小时09分成绩完赛，达到了二级运动员的水平。

靠着天生的一副好身板，陈盆滨在耐力挑战赛道上一路狂奔。2014年，在南极100千米极限马拉松中，他以13小时57分46秒成绩勇夺冠军，成为史上首位赢得国际性极限马拉松冠军的中国人，同时也是全世界首个完成"七大洲极限马拉松大满贯"跑者；2015年，他完成连续100天跑100个马拉松挑战，获得2014 CCTV体坛风云人物年度最佳非奥运动员奖；2018年9月，他又在美国难度最大的多日越野赛Grand to Grand 273千米越野赛中夺冠，成为首个夺得该赛事冠军的中国人……从此，陈盆滨的"中国阿甘"称号越来越响亮。

思政价值点

1. 勇往直前。我们面对困难时要像陈盆滨一样,勇敢前进,不退缩。

2. 自强不息。一个人即使处境不太好,但是通过持之以恒的努力和付出,也可以成就一个强大的自己,就像陈盆滨一样从小渔村跑向世界,成就自我。

3. 坚韧不拔。人在面对自己热爱的事情时,应该保持坚定,持之以恒地付出努力。

4. 坚持自我。面对家乡人的不理解,陈盆滨勇于坚持自我,一路"傻跑",跑成了世界冠军。在成功的道路上,不用过多介意周遭的异样声音,要相信自己一定可以。

案例2　勇气之翼：杰西·欧文斯的田径奇迹

案例描述

杰西·欧文斯1913年9月12日出身于美国亚拉巴马州农村地区的一个黑人贫困家庭。中学时期，欧文斯就显示出了卓越的田径天赋。他在学校比赛中崭露头角，尤其在短跑和跳远项目上表现出色。大学时期，他成为一名出色的短跑和跳远运动员。在1936年柏林奥运会上，他赢得了100米跑、200米跑、4×100米接力跑和跳远四项比赛的金牌，成为当时的体育传奇人物。

欧文斯在柏林奥运会上的成功还是一次对种族歧视的有力回应。当时，美国和纳粹德国对非裔人士和其他少数群体存在着歧视。然而，欧文斯通过他在奥运会上的卓越表现，特别是在田径比赛中赢得的四枚金牌，向世界传递了强烈的反歧视信息。

思政价值点

1. 追求平等和公正。欧文斯在20世纪30年代的美国成长，当时美国社会种族歧视严重。他通过田径这个平等的竞技场，用自己的实力有力还击了对黑人的歧视。他的成功彰显了每个人都应该有平等的机会，无论种族、肤色或社会地位。欧文斯在柏林奥运会上的成功是对当时纳粹德国和美国种族歧视的强烈回应。他通过自己的努力和成就，直接挑战了那些试图用歧视来限制个体发展的观念。

2. 自立和努力。欧文斯在贫困的环境中长大，但他通过自己的毅力和刻苦努力，发展了出色的运动才能。他的个人经历强调了个体自立和通过努力克服困难的重要性。

3. 国际友谊。欧文斯的成功超越了国界，他在柏林奥运会上赢得了德国观众和其他国家人民的尊敬。他与其他运动员建立了友谊，强调了体育作为促进国际理解和友谊的媒介的重要性。

案例3　苏州大学校园马拉松

案例描述

苏州大学校园马拉松首次举办于2013年，是苏州大学一项非常有特色的体育活动。它不仅是一项体育比赛，更是一次校园文化的展示和交流。首先，苏州大学校园马拉松是在全面贯彻落实党的十八届三中全会关于"强化体育课和课外锻炼，促进青少年身心健康、体魄强健"的精神下举办的，旨在通过比赛吸引更多的师生积极参与体育锻炼，增进体质健康。其次，该比赛通常设有多个项目，如"形影相随""乐跑苏大"等，以满足不同水平和兴趣的参赛者。在比赛过程中，参赛者需要相互协作、相互支持，体现了团队协作的重要性。最后，苏州大学校园马拉松还注重健康生活方式的推广。通过参加马拉松比赛，参赛者可以养成良好的体育锻炼习惯和健康的生活学习方式，提高身体素质，促进身心健康发展。

思政价值点

1. 拼搏进取的精神。马拉松比赛需要参赛者具备坚定的信念、顽强的毅力和拼搏进取的精神。

2. 团队协作的重要性。在马拉松比赛中，团队成员之间只有相互协作，才能取得更好的成绩。

3. 遵守规则的意识。马拉松比赛需要参赛者遵守比赛规则，尊重裁判和对手。

4. 健康生活的方式。马拉松比赛可以引导学生认识到健康生活方式的重要性，从而更好地养成健康的生活方式。

案例4 苏炳添的目标

案例描述

苏炳添在很小的时候就已经展现出非凡的速度和敏捷性，但当他与尤塞恩·博尔特这样的世界级选手同场竞技时，他意识到自己还有很大的差距。这使他下定决心要不断提高自己，并最终实现他的目标，即在百米比赛中跑进9秒区间。

为了实现这个目标，苏炳添付出了巨大的努力。他反复训练，不断摸索，大胆决定更换起跑脚，并重新学习跑步。他受伤时也曾感到沮丧和失望，但他告诉自己，只要养好伤病，就可以继续飞翔。

在东京奥运会上，苏炳添实现了他的目标，他跑出了9秒83的成绩，打破了亚洲纪录，成为首位闯进奥运会男子百米决赛的"亚洲飞人"。他的表现超越了年龄和伤病，更超越了他自己。他的故事告诉我们，只要我们有坚定的信念，并持之以恒地努力，就一定能够实现我们的梦想。

思政价值点

1. 不断追求自我提高和进步。苏炳添面对世界级选手时毫不气馁，自强不息。他的故事告诉我们，无论何时，都应该追求自我提高和进步，不断超越自我。

2. 学会改变自己。苏炳添在训练中不断摸索，大胆更换起跑脚，并重新学习跑步。他的故事告诉我们，为了实现我们的梦想，有时需要做出改变。

3. 面对挫折和失败的勇气。苏炳添勇敢面对伤痛，积极调整心态。他的故事告诉我们，面对挫折和失败时，我们要有勇气和决心去面对，并从中吸取教训。

4. 超越自我和挑战极限。苏炳添最终实现了自己的目标，并超越了自己，成为首位闯进奥运会男子百米决赛的"亚洲飞人"。他的故事告诉我们，为了追求更高的目标，我们要有超越自我和挑战极限的精神。

案例 5　邱东东亚残运会夺冠

案例描述

邱东东 6 岁时，患上严重的青光眼，虽经治疗，但双目视力仍均不到 0.1。之后，邱东东又在一次玩球时发生意外，被反弹的球砸中左眼，致使视网膜脱落造成一级残疾。失去光明的邱东东一度陷入人生低谷，直到 2013 年被选入辽宁省残疾人体育训练康复中心，才重新找到人生中的"光亮"。在教练员王琳的指导下，邱东东刻苦训练，与王琳密切配合，展现出惊人的默契。2023 年 10 月 23 日，邱东东在杭州第 4 届亚残运会田径男子跳远 T11 级决赛中夺冠，并打破该项赛事的亚洲纪录。

思政价值点

1. 体育的力量对于残疾人和健全人来说没有差异，对于所有人来说，亚残运会都是珍贵的人生课堂。追逐胜利，但不把胜利当作"唯一"，在成绩之外，这些在赛场上忘我拼搏、在赛场外笑对命运的运动员，用实际行动向社会传递勇气和坚持的力量，激励更多残疾人鼓足生活勇气，努力去实现人生价值，回报社会，成就自我。

2. 邱东东热爱运动，虽然只能在黑暗中奔跑、跳跃，但跑着跑着，生命便有了光亮。这些光亮不仅点燃了他自己的希望和梦想，更照亮了他人，让人感受到生命的鲜活、热烈和坚韧。

案例6 马拉松运动员阿赫瓦里的故事

案例描述

1968年墨西哥城奥运会，受天气影响，马拉松比赛中参赛选手表现平平。晚上颁奖仪式结束，传来一个让人吃惊的消息：一个叫约翰·史蒂芬·阿赫瓦里的马拉松选手还在跑。受到他的感染，观众重新回到体育场，等待阿赫瓦里的到来。当拖着伤腿一瘸一拐的阿赫瓦里跑入专门为他重新打开灯光的体育场时，全体观众集体起立，给予他经久不息的掌声，以表达最崇高的敬意。阿赫瓦里冲过终点线之后，记者问："你已经不可能取得名次了，为什么不放弃？"阿赫瓦里说："我的祖国把我从7 000英里（约11 265千米）外送到这里，不是让我开始比赛，而是让我完成比赛。"这句话后来成为奥运史上最响亮的名言之一。

半个多世纪过去了，在场的大多数人已忘记那年墨西哥奥运会马拉松冠军是谁，却没有忘记阿赫瓦里这个"最伟大的垫底者"。

思政价值点

1. 顽强拼搏，坚持到底。参赛者能力不同、水平不同，也许无法在成绩上取胜，但意志力不能输给任何人。

2. 荣誉感、使命感。参与比赛时，你不仅代表个人，更代表一个团队、一个集体甚至一个国家，这是体育的魅力和价值。

3. 善始善终。做任何事情，不论结果如何，尽你所能去做，直到完成这件事。

4. 尊重比赛选手。不论比赛的最终成绩如何，作为观众，应尽可能看完最后一位比赛选手抵达终点线，给予比赛选手最大的尊重和敬意，这才是奥林匹克体育精神的精髓所在。

案例7　施一公教授坚持跑马拉松

📖 案例描述

在一个面向中学生的讲座中，有高中生好奇地问施一公："您如何在繁忙的工作之余抽出时间跑步，如何平衡兴趣爱好与学术研究？"施一公说："跑步是我生活的一部分，它已经不再是简简单单的锻炼身体，它就像同学们吃饭、睡觉、上课一样。它就是我的生活方式。对于我而言，不管有多少烦恼，酣畅淋漓地跑一场，马上就能得到纾解。但人的时间是很有限的，我也一直在平衡自己的时间。我不能说我平衡得很好，只能说我在努力，我还在路上。无论有多忙，我都会坚持跑步，每年都要参加马拉松。"

思政价值点

1. 人生就像一场马拉松，要学会坚持。"骐骥一跃，不能十步；驽马十驾，功在不舍。"天资聪颖的人如果缺少持之以恒的精神，三天打鱼、两天晒网，就好比一匹健壮的骐骥不愿持续远行。而生性驽钝的人如果刻苦努力、锲而不舍，也可做出"十驾"之功。因此，不管天分如何，在学习上持之以恒是首要的。

2. 坚持健康的生活方式。选择把每天坚持跑步作为自己的生活方式，是选择了自律，更是选择了健康。

案例 8　从刘翔雅典奥运会看体育精神

案例描述

刘翔，中国田径的骄傲，他是中国男子田径史上最成功的运动员之一。他以出色的成绩和独特的个人魅力，向世界展示了中国田径的强大实力和无限潜力。刘翔多次创造历史，在 2004 年雅典奥运会男子 110 米栏比赛中，他以 12 秒 91 的成绩追平了由英国选手科林·杰克逊创造的世界纪录而夺冠。在 2006 年瑞士洛桑田径超级大奖赛男子 110 米栏比赛中，他又以 12 秒 88 的成绩打破了保持 13 年的世界纪录夺冠。之后，他又获得 2007 年世界田径锦标赛男子 110 米栏冠军、2012 年国际田联钻石联赛尤金站男子 110 米栏冠军。

刘翔辉煌的运动生涯带给我们欢笑、力量及感动，他得到的鲜花与掌声源自无数的磨炼和付出，他永远都是中国田径的骄傲、中国人的骄傲，我们会记得"刘翔决不放弃"这一青春励志史诗。

思政价值点

1. 坚持与毅力。刘翔始终保持对目标的执着和对自己的严格要求。这也激励我们在面对困难和挫折时，不轻易放弃，坚持到底。

2. 自信。刘翔在比赛中的自信让人印象深刻，关键时刻，他总能保持冷静。这种自信和勇气告诉我们在面对挑战时，要积极地迎接挑战，不畏惧失败。

3. 不断超越自我。刘翔在体育之路上不断挑战自己的极限，不断打破世界纪录，这就是超越自我的最好证明。这种精神激励我们在自己的领域追求卓越，不断提高自己的能力和水平。

4. 团队合作与奉献精神。刘翔的成功离不开他的团队，包括教练、医疗团队和支持团队。我们在工作中也要注重团队合作，相信集体的力量。

案例9　田径史上的动人一幕

案例描述

2019年世界田径锦标赛男子5 000米预赛，来自几内亚比绍的布拉马·达博和来自阿鲁巴的乔纳森·巴斯比是最不被看好的两位选手。比赛进行到最后阶段，巴斯比因体力不支产生抽筋症状，但他仍坚持比赛，达博注意到他，将其手臂搭在自己的肩膀上，扛着他继续前进。由于得到了他人帮助，巴斯比没有成绩，而达博比其他选手慢了4分多钟，两人位列倒数第一。

达博说："今天，我的目标就是代表我的国家参赛并且创造个人最好成绩，但比赛中我发现已经不可能刷新成绩了，这个时候再去超越他完全没有意义了。我只是希望能够帮助他一起到达终点，对于我来说，首次代表祖国参加世锦赛是一个难忘的体验。"事后，从赛事主办方、媒体到观众，无一不支持并为这一充分彰显奥林匹克人文关怀的行为欢呼。

思政价值点

1. 彰显强体铸魂的教育理念。竞赛规则和奥运精神的融通把强体和铸魂作为育人的一体两面，可以推动构建更高层次的人才培养体系。

2. 体现尊重每一位比赛选手的奥林匹克精神。赛事主办方、媒体、观众对达博的关注和支持，体现了奥林匹克精神。

案例 10　英雄惜英雄，跳高场上的双冠军

案例描述

2020 东京奥运会田径项目男子跳高比赛中，意大利选手詹马尔科·坦贝里和卡塔尔选手穆塔兹·巴希姆力克其他选手，走到了最后。比赛十分胶着，两人先后跳出了 2 米 37 的成绩，且在挑战 2 米 39 的高度时均失败了。戏剧性的一幕出现了，两人的成绩完全相同！裁判根据最新的国际田联竞赛规则走过来询问是否进行加赛。这时，巴希姆向裁判问道："我们可以有两块金牌吗？"巴希姆的发问得到了裁判长肯定的答复。两位选手看向了彼此，他们默契地伸出手，击掌后紧紧相握，两位世界顶尖的跳高选手此时达成了共识，一起分享这块意义非凡的奥运金牌。坦贝里激动得甚至跳到了巴希姆身上，两人相拥而泣，看台上的观众也为这历史性的时刻献上了雷鸣般的掌声。

思政价值点

1. 追求卓越是奥运精神最完美的诠释。运动场上体现了运动员不畏艰难、敢于挑战自身极限、逐梦奥运的常年坚持，展现了运动员追求卓越、登峰造极的视觉盛宴。

2. 书写了彼此共赢、友谊至上的人生传奇。两人在赛场上成全彼此的高光时刻，蕴含着谦虚礼让，"友谊第一、比赛第二"的体育精神，这是规则之下携手共进的一段佳话。

3. 成功离不开坚定的信念。信念支撑着两位运动员面对伤病不倒的灵魂，照耀着他们期盼踏上奥运舞台的心灵，指引着他们前往奥运盛会的方向。

4. 通过不懈努力摘取的成功果实最香甜。当两人为共赢的金牌相拥而泣时，他们赢得了观众的热泪和掌声，品尝到了收获成功的幸福果实。

案例11　磨尽铅华，力量之美

案例描述

"蹬、转、挺、推、拨"是教师根据推铅球动作总结得出的五字口诀，但是口诀仅仅呈现了技术动作的表面。运动员需要对推铅球技术动作有更加深入的认识，推铅球技术动作中包含两个弓形，一个是转髋后，上身还保持扭紧的侧弓；另一个是挺胸后，身体整体面向投掷方向形成的满弓。推铅球技术动作还包含两个身体中的超越动作，先是髋超越肩，之后是肩超越髋，使得铅球被推出时获得最大初速度。

径赛项目是激动人心的，其中不乏一骑绝尘，也不乏绝地反超，精彩瞬间的确值得反复回顾。相较于径赛项目，田赛项目关注的人就少很多，如铅球，持续时间短，没有竞速的激情，很少有人能发现掷铅球的美。投掷类项目虽然不像短跨类项目那样充满激情，但运动员手持器械，通过全身协调发力所爆发出的力量感，是径赛项目所不具备的独特看点。铅球运动员或原地，或滑步，或旋转，以结合自身特点的方式衔接上推掷铅球的动作，不发则已，一发惊人，一旦启动，磨炼了千百遍的动作就自动化呈现，流畅、快速、势不可当，伴随着运动员发力的叫喊，铅球被全力推出，手上涂的防滑镁粉在空中像烟花一样绽放，铅球如炮弹般飞出，一声闷响落地，这是多么震撼人心的画面！

我们欣赏铅球的力量美与崇尚暴力不同，推铅球展现出的力量美有开有合、有放有收。在推铅球的规则中，运动员始终不能超出内沿直径为2.135米的投掷圈，所以推铅球也不是一味地使出蛮力，在最后用力阶段还要保持身体平衡，做到不踩线、不越线。

思政价值点

1. 透过现象看本质的方法论。学习铅球更深层次的技术结构，不只停留在表面、了解皮毛，还要锻炼刨根问底的求知精神。

2. 成功需要千百遍的反复磨炼。磨炼了千百遍的动作才能实现自动化呈现，达到动作的流畅、快速。

3. 坚持不懈的精神品质。要想铅球出手流畅、快速、势不可当，只有日复一日地练习。

4. 遵守规则，行为有度。铅球项目要求运动员在规定的范围内完成加速、出手、缓冲等所有环节，在规则之内合理利用2.135米的投掷圈，使出全力但又不逾矩便十分关键。

案例12 31千米处退赛，一个举动让他赢得喝彩

案例描述

2003年，埃利乌德·基普乔格在巴黎举行的世界田径锦标赛男子5 000米决赛中获得冠军。这位被誉为史上最佳马拉松运动员（仅次于已故的世界纪录保持者凯尔文·基普图姆）的跑者，时隔21年再次回到法国首都，追逐一个梦想：成为唯一连续三次获得奥运会马拉松金牌的运动员。然而，挑战巨大。基普乔格当年已经39岁，而且奥运会马拉松赛道极具挑战性，部分路段的坡度甚至达到13%以上。基普乔格在比赛初期一直处于领先集团，但当赛道进入第一个上坡路段时，他的排名开始下降。

在31千米处，基普乔格决定停下来。他知道，在这个21年前见证他成为世界冠军的城市，他已经不可能以最佳状态完成比赛。然而，这位肯尼亚跑者的伟大之处在于他对这项让他成为传奇的运动的尊重。他选择等待最后一名选手经过，并接受了观众的欢呼。

当来自蒙古的塞尔-奥德·巴特-奥奇尔从他身边跑过后，基普乔格走向路边，将自己的跑鞋扔给了观众，然后退场。他说："我在30千米处停了下来，在人群的环绕下又走了几千米。我送给了他们我的跑鞋、号码牌、T恤……除了这条裤子（他指着自己的裤子）以外，因为我还得穿着它。"

至于这是不是他辉煌的田径生涯的终结，还有待观察。基普乔格在世界田径赛场上获得了四枚奥运奖牌（包括两枚马拉松金牌），以及两枚世界田径锦标赛5 000米金牌。赛后，他表示："是否继续参赛，我需要考虑一下。"

思政价值点

1. 基普乔格的退赛，并非英雄迟暮的无奈告别，而更像是一次深思熟虑后的选择，他深知马拉松的意义远不止于胜负，更在于对自我的挑战和对体育精神的传承。

2. 基普乔格的举动，也引发了人们对体育精神的思考，在竞技体育的舞台上，胜负固然重要，但更重要的是运动员在比赛中展现出的拼搏精神、意志品质和人格魅力。

案例 13　摸着石头过河的刘德助

案例描述

在杭州亚运会上,他一个人默默肩负起国家中长跑的重任,四天四场比赛,虽然没有获得奖牌,但他填补了中国在亚运会上男子中长跑的空白。他的名字叫刘德助,是中国杰出的中距离跑者。他参加了800米和1500米两个项目,没有队友的帮助和配合,独自扛起比赛的担子,孤军奋战。虽然在1500米比赛中获得第六名,在800米比赛中获得第五名,但他的表现展现了中国男子中距离跑步的实力。

2018年全国田径锦标赛上,刘德助以1分50秒19的成绩达到国家健将标准。2023年,他在亚洲田径锦标赛男子1500米决赛中摘得铜牌,打破了中国在该项目中长达23年的无奖纪录。中长跑项目前景黯淡,刘德助在缺少引路者的情况下,坚定地选择前行。面对媒体采访,他心直口快地表态羡慕参加马拉松的人,因为那赚钱较快,而他的工资微薄;虽然有人劝他尝试其他项目,但他仍坚定摇头拒绝。

尽管亚运会上的结果令人遗憾,但不可否认的是,刘德助已经成为中国中长跑的代表人物。

思政价值点

1. 拼搏精神。刘德助展现了顽强拼搏的体育精神。尽管面对强大的对手和压力,他依然坚持不懈地努力奋斗,决心战胜困难,取得成功。

2. 担当责任。刘德助独自扛起中国田径中距离项目的重任,展现了作为一名运动员的责任感和担当精神。

3. 民族自信。刘德助所取得的成绩不仅是个人的荣誉,更是中国体育事业的发展和民族精神的体现,使国人感到自豪。

案例 14　从刘翠青夺冠看体育精神

案例描述

刘翠青，出生在广西南宁的一个乡村。十岁患上眼疾，最终不幸发展成全盲。进入盲校读书后，刘翠青先是练过盲人门球，后来因为跑步天赋，被选入广西残疾人田径队，最终入选国家队。凭着一股拼劲，刘翠青成长得很快，在亚残运会、残奥会、世锦赛等国际赛事中，她夺得了多枚金牌。东京残奥会上，30 岁的她和领跑员徐冬林，带着伤病，获得了女子 200 米和 400 米 T11 级金牌，并在女子 400 米 T11 级决赛中，以 56 秒 25 的成绩创造了新的残奥会纪录。

然而，因为徐冬林的伤病，刘翠青换了新的领跑员。两个跑步习惯完全不同的人，要做到整齐划一，并没有想得那么容易。臂要摆多高、步要迈多大，领跑员兼助理教练的陈圣明开始学着克制自己，改为以刘翠青为主，改变肌肉记忆，在慢跑中加快磨合。为了培养信任感，两人从出宿舍门起就形影不离，从生活习惯到训练细节，密切配合，提高默契度。刘翠青说，领跑员就是她的眼睛。2023 年杭州第 4 届亚残运会田径女子 200 米 T11 级比赛中，这个老带新的新组合首战告捷，成功夺冠。

思政价值点

1. 锲而不舍的奋斗精神。刘翠青日复一日地坚持训练，体现出超出常人的意志品质。

2. 乐观向上的人生态度。失去光明依旧对生活充满希望，渴望成功，努力奋斗，刘翠青的这种豁达心态值得每一个人学习。

3. 团结合作的信任关系。刘翠青不断与领跑员磨合，彼此信任，彼此成就，充分体现了团结协作的精神。

第二章

体操课程思政案例

案例1　金牌里的青春之光

 案例描述

对于很多人来说，这是一个陌生的名字，但在中国健美操领域，他是一座难以逾越的高峰。他就是敖金平，中国职业健美操运动员，国际级健将，为中国健美操拿到了世锦赛上第一枚金牌，使得中国健美操运动员在国际比赛中实现了历史性的突破。在他的运动员生涯中，他获得了11项世界冠军，几乎拿到了所有的全国各类健美操比赛的男单冠军，这是前无古人的成绩。

专业的健美操选手一般都有体操、武术等体育运动的基础，但敖金平是"白手起家"。他从跳大众健美操开始一步步努力，逐渐成为最优秀的竞技健美操运动员。在国家队训练期间，敖金平不得不从劈叉和托马斯等基础动作开始练起。凭借十几年如一日的刻苦训练，敖金平才有了此后的成绩。敖金平说："我能夺冠，说明练健美操有没有体操基础并不重要，刻苦训练和正确理解健美操这项运动，才是我成功的最大因素。"

 **思政价值点**

1. 坚持与执着。坚持是实现目标的关键。无论是事业成功，还是个人成长，坚持都是实现目标的必要条件。正如水滴不断滴落最终能够穿透石头一样，只有坚持不懈地努力，我们才能克服困难，实现自己的梦想。

2. 坚韧不拔的意志。成功的背后，往往是艰辛的付出。无论是在训练场上，还是在比赛场上或者生活中，都要敢于面对各种困难和挑战。想在比赛中取得优异成绩，并非易事，需要付出大量的时间、精力和心血。

3. 敢于直面自己的缺点。俗话说："金无足赤，人无完人。"没有十全十美的人，每个人都会有这样或那样的缺点和不足。敖金平没有体操和武术的基础，柔韧性较差，对于健美操运动员而言是致命的弱点，但他能够直面自身缺点，利用各种休息时间进行柔韧性训练，最终实现夺冠目标。

案例2 以爱之名，书写"不老传奇"

案例描述

"丘妈"来了，退役过三次却依旧选择站在赛场上。48岁的乌兹别克斯坦老将丘索维金娜成为2023年杭州亚运会体操赛场上独一份的存在。1992年巴塞罗那奥运会，是她参加的第一届奥运会，30多年过去了，她依旧站在赛场上，成为世界上唯一一名连续8次参加夏季奥运会的体操运动员，并被载入吉尼斯世界纪录。她说："当我儿子生病时，我只能靠比赛赚钱为我儿子治病，但现在，我终于可以把比赛当成一种享受并获得巨大快乐。"

思政价值点

1. 坚持不懈。只要有所坚持，岁月的路途就能充满期待，不管遇到怎样的挫折与不幸，我们都要以不屈不挠的精神去应对。

2. 追梦的激情。梦想照进了"丘妈"的现实生活，只因奋斗从未停歇，只因追梦永不止步。当遇到喜欢的事物时，一定要坚持心中的热爱。

3. 勤奋努力和勇于拼搏。俗话说："有风有雨是常态，风雨无阻是心态，风雨兼程是状态。"只有把时间和精力尽可能多地投入自己喜爱的事业并为之奋斗，才能实现理想和目标。

4. 挑战自我。畏首畏尾的人只能原地踏步，唯有拥有不惧困难的勇气，才能赋予我们超越自我、追逐梦想的强大力量。

案例3　大山里的健美操队"云之梦"

案例描述

浙江省云和县第三中学的健美操队有个诗意的名字"云之梦",由钟华燕在2011年组建。10多年间,钟华燕把这支零基础的草根队伍带成了屡获佳绩的"梦之队"。

云和三中是一所寄宿制初中,学生大多来自乡村,不少是留守儿童。"孩子们普遍性格内向,不愿交流,多说几句话就害怕。"成立之初,钟华燕并无多大"野心",只希望学生练习了健美操,"精气神儿"能更足一些,自信也更多一些。

队伍初期发展尤为不易。健美操队报名没有门槛,队员高矮胖瘦不论;学生家长反对,钟华燕就挨个登门家访,解释这并非不务正业。虽然最初队员不到10人,设施、场地也很简陋,但钟华燕从一开始就做出了严格要求。不论严寒酷暑,训练从不间断。队伍一走上正轨,她就积极为学生寻找比赛机会。

"第一次上台比赛,学生们太紧张了,表情似笑非笑,很不自然。"组建健美操队的第一年,钟华燕就带着学生参加了丽水市的比赛,积累经验。2015年,"云之梦"健美操队登上了浙江卫视,自信闪耀的表演让更多人关注到了这群山里的孩子,并带来资金支持。迄今,"云之梦"健美操队在全国健美操大赛及各类省市比赛中多次获得佳绩。日复一日的训练,让学生更外向、更自信了,同时也收获了更多的惊喜。"如果不练健美操,一些队员也许会和父辈一样,完成学业后外出打工或者做点小生意,健美操为他们提供了另一种可能。"钟华燕说,这些年有不少学生考上了北京体育大学等高校,人生的路走得更远了。作为一名教师,这尤其令她欣慰。

10多年过去了,钟华燕带领的"云之梦"健美操队发展得越来越好,她也切身感受到山区教育的巨变。

思政价值点

1. 梦想不可辜负。无论路途多么艰难,无论风雨多么猛烈,一念既出,万山无阻,唯有梦想不可辜负!

2. 运动具有自我实现的力量。健美操运动是唯美类项目,对于美商的塑造及学生自信心的培养、表现力的提升见效显著。其明确的规则标准和比赛模式,能够培养学生的规则意识和团体凝聚力。每一个体育人都能在持续的锻炼过程中洗尽铅华,最终熠熠生辉。

3. 身教胜于言传。钟华燕始终秉持"传承为人师表的优秀品质,在专业建树上做好表率"的理念,主张合作成就事业,实力托起梦想。

案例4 健体运动员席鑫抗癌后重返赛场

案例描述

健体运动员席鑫是一位以腹肌为特色的运动员。然而,2021年11月,正值职业巅峰期,席鑫却被查出患有肝癌,需做手术切除一部分腹肌。术后康复期间,席鑫一度患上了抑郁症,整整一年没有训练。但磨难没有击垮他,2023年11月,席鑫通过三四个月的训练重返东京奥赛舞台,这次他依旧做着之前的展示动作,只是这次没有了他引以为傲的腹肌。虽然比赛未取得佳绩,但他站在赛场上就是与命运做斗争,用自己的行动激励着那些正在与病魔抗争的人。

思政价值点

1. 做生命的强者。坚持与命运的不公做斗争,在逆境中成长,不要轻言放弃,只有经得起逆境考验的人,才能成为真正的强者。

2. 坚韧不拔、乐观向上。一定要有坚韧不拔的意志,才能在人生的道路上勇往直前,才不会被困难击倒。

3. 天生我材必有用。没有风吹雨打,哪会有秋实的成熟;没有刺骨的寒风,哪会有松柏的坚韧。在逆境中,不要一味地怨天尤人,要多思考如何克服困难。

案例5 徐梦桃的奥运金牌之路

📖 案例描述

徐梦桃在 2022 年北京冬奥会自由式滑雪女子空中技巧比赛中，终于圆梦奥运金牌。这并非徐梦桃第一次参加冬奥会，而是她第四次征战。前三次征战，金牌总是与她擦肩而过。然而，这一次，她战胜了伤病、战胜了自己，以 108.61 分的高分获得金牌，圆了她奥运金牌的梦想。

徐梦桃出身于辽宁省的一个普通家庭，她的父亲徐学君是一个烧烤摊主，由于看好女儿的体操潜力，开始培养她成为运动员。在由体操转入自由式滑雪空中技巧项目后，徐梦桃在短时间内迅速崭露头角，成为中国队备受瞩目的新星。

然而，她的逐梦之路并非一帆风顺，多次的伤病困扰着她，她为自己的梦想付出了巨大的努力。在北京冬奥会上，她选择了最高难度的动作，挑战了自己的极限。最终，她的努力得到了回报，她夺得了自己人生中的第一枚冬奥会金牌。

思政价值点 ▶▶▶

1. 拼搏的精神。徐梦桃通过坚持不懈的努力，克服了伤病和多次失败，最终圆梦奥运金牌。

2. 梦想的力量。徐梦桃始终对奥运金牌怀揣梦想，即使在多次失利和受伤的情况下，她也从未放弃对奥运金牌的追求，这反映了她对梦想的坚定信念。

3. 亲友的支持。徐梦桃父亲的支持和培养及国家队的培训和团队协作，凸显了家庭和团队在个人成长及成功中的重要作用。

案例 6 "鬼步舞校长"张鹏飞

案例描述

2019 年 1 月,山西省运城市临猗县西关小学校长张鹏飞带领学生课间跳"鬼步舞"的视频传到网上后迅速走红,从视频中可以看到一排排小学生"似魔鬼的步伐",这样魔性的画风,想不红都难。而这位农村小学校长之所以能成为"网红校长",是因为在这位校长身上,有太多我们的教育体系长期缺乏的东西。张鹏飞为何想到带学生跳"鬼步舞"呢?张校长有自己的看法:"我们的孩子学习压力太大了,不能光让孩子沉浸在阿拉伯数字中。我希望让老师们有更多的时间去育人,只有人做好了,社会才能有更大的进步,教育才算成功。"张校长带领学生跳"鬼步舞"毫无疑问是一种理念的创新。多少年来,课间操都是一种模式,缺少激情和创意,很多学生做课间操时漫不经心,摆出一副很不情愿的样子。但是,从视频中可以看到,张校长带着学生跳"鬼步舞"时,学生是多么的兴奋,多么的开心。这种创意打破了传统的模式,注入了时代的气息,符合学生天真活泼的个性,因此受到学生的喜爱,真该为这位"网红校长"点赞。

思政价值点

1. 教育界有句名言:"一个好校长就是一所好学校。要想评论一个学校,先要评论它的校长。"好校长的标准有很多,个性鲜明毫无疑问当属其中之一。培养学生的独立人格、独创精神、独特个性,是教育的终极价值指向。张鹏飞无疑是一位个性鲜明的校长,他勇于创新、敢为人先,不吝将率真、生动的一面展露给师生,而不是以冷冰冰的面孔刻板地维护师道尊严、领导权威。

2. 建构身心统一的体育。身心统一的体育不仅能使学生充分感受到运动所带来的愉悦,而且能促进学生形成良好的意志品质、团队精神和沟通能力,对学生未来的幸福生活具有重要影响。

第三章

篮球课程思政案例

案例1　从于广龙教练带领广工CUBA夺冠看体育精神的培养

案例描述

2023年，广东工业大学（以下简称"广工"）男子篮球队在第25届中国大学生篮球一级联赛全国总决赛中夺得冠军。这一成就的背后是于广龙教练的辛勤指导和球队成员的不懈努力。于广龙教练曾是帮助广工拿下三届中国大学生篮球超级联赛冠军的优秀运动员，退役后投身于教练工作。他不仅注重技术训练，更强调球队精神和团队协作。

在赛季初期，球队面临着技术、战术和心理上的多重挑战。但于广龙教练通过严格的训练，培养球队成员的各项基本技能。更重要的是，他教导球队成员在场上互相信任、互相支持，将团队利益置于个人利益之上。他经常说："篮球是团队运动，每个人都是胜利的关键。"

思政价值点

1. 团队协作。在篮球比赛中，无论是进攻还是防守，都需要团队成员之间的密切配合。这既是体育竞技的需要，也是社会和职场中不可或缺的品质。

2. 自律与奉献。篮球运动员严格遵守训练计划和比赛规则，体现了自律精神。教练和球队成员为团队的目标而努力，展现了奉献的精神。

3. 在逆境中坚持。面对比赛中的困难和挑战，球队成员不放弃、不退缩，展现了在逆境中坚持的精神。

4. 尊重与公平竞争。在体育竞技中，尊重对手、尊重裁判、公平竞争是基本原则，这与社会公民的基本素养相符。

5. 目标导向。球队成员和教练为实现共同的目标而努力，体现了目标导向的重要性。

案例 2　姚明的篮球故事与健康启示

案例描述

姚明的篮球生涯充满辉煌，但也不乏挑战。在九年的 NBA 职业生涯中，他曾面临多次严重伤病的挑战，尤其是膝关节和脚部的损伤。这些伤势对他的比赛表现和稳定发挥产生了深远影响。尽管面临巨大的压力和挑战，姚明始终坚持，直到 2009 年再次遭受左脚骨折后才选择了退役。

姚明的伤病与他的职业生涯紧密相连。尽管伤病影响了他的状态，但他始终努力克服困难，坚持带伤比赛。他的坚持和勇气使他成为许多人的榜样，展现了面对逆境时的坚韧和毅力。退役后，姚明并没有离开篮球，而是继续致力推动中国篮球的发展，担任中国篮球协会主席，并参与各种公益活动，积极回馈社会。

思政价值点

1. 健康意识与自我保护。通过学习运动生理学和运动心理学等知识，学生可以了解如何科学训练，避免运动损伤，培养健康的运动方式。

2. 坚韧与毅力。姚明在面对伤病困扰时展现了非凡的坚韧和毅力，这是在逆境中应该具备的品质，这种品质能够使人在面对挑战时不畏艰难，勇往直前。

3. 责任与担当。姚明退役后继续为中国篮球事业贡献自己的力量，对于当代青年培养社会责任感和担当意识具有重要启示。

案例3 从"村BA"到"家BA"看体育的价值

案例描述

2023年4月,浙江省诸暨市首届和美乡村篮球大赛(村BA)打响。

据诸暨市篮球协会主席黄生华介绍,当地篮球联赛历史悠久,培育了大量喜爱篮球之人,决赛阶段连不少外出务工的年轻人都会专程返乡参赛。

球员寿柯炯表示,球队成员来自各行各业,由于工作的原因,日常训练很难聚齐,可一旦有重要比赛,大家都会赶回参赛,篮球提高了凝聚力。

黄生华介绍,随着乡村篮球的不断发展,赛事创新已经触达家庭篮球,从"村BA"拓展到"家BA"。他透露,为了架设家长与孩子间深入交流的新桥梁,篮协举办了幸福家庭三人制篮球赛。

随着篮球氛围日益浓厚,当地的人气和经济活力得到提升,共富效应正在显现,更可贵的是篮球给乡村带来了新风尚,"多一个球场,少一个赌场"。

思政价值点

1. 体育可以促进人与人之间的沟通,提高凝聚力,有利于构建和谐社会,特地返乡参赛的年轻人与幸福家庭三人制篮球赛都是很好的例子。
2. 特色体育赛事可以助力乡村振兴,助力社会主义现代化建设。
3. 体育给人带来精神上的愉悦和富足,"多一个球场,少一个赌场"就是有力体现。

案例 4　从詹姆斯创"411"工程看体育的价值

案例描述

2024 年,NBA 顶级球星勒布朗·詹姆斯的"411"工程(4 万分得分,1 万个篮板,1 万次助攻)正式竣工。纵观整个 NBA 历史,甚至找不出一位达到"111"的球星,可以说在数据方面,詹姆斯是整个联盟独领风骚的存在。

这前无古人、后无来者的历史纪录,体现了詹姆斯极其自律的职业精神。从 2003 年 NBA 选秀到 2024 年,整整 21 年的职业生涯,从饮食到训练,他一直严于律己。正是这份自律,使他在即将四十岁的联盟现役最高龄的约束下,依旧能够活跃于赛场的最前线,并且创下这份堪称史诗级的纪录,令人震撼万分。

思政价值点

1. 在体育运动中,自律和坚持是最基础的,同时也是最难做到的。坚持能够培养人的耐心和韧性,使人在遇到挫折时更容易坦然面对。自律是实现目标的重要手段,有助于培养良好的习惯和坚定的意志力。

2. 篮球的魅力在于激情、智慧和传承。詹姆斯用自己的行动激励着后来者不断进步,鼓舞着所有热爱篮球的人去追寻个人的荣耀和梦想。

案例 5　独臂男孩张家城的篮球之路

案例描述

5 岁时，张家城在一场意外中失去右臂。12 岁时，篮球走进了他的生活，梦想开始在他心中发芽，他比常人付出了更多的努力，每个可以打球的地方，都留下了他练球的身影。家中墙壁上被他当作篮板的贴画，早已被旋转的篮球磨破。凭借着对篮球的喜爱及超强的毅力，背后运球、胯下运球和转身等"技能包"更是无所不通，很多球迷都被他的球技深深折服。

2020 年 3 月，张家城注册了一个抖音号，分享一些打篮球的小视频。正是凭借这些短小而励志的视频，张家城逐渐在网络上"小有名气"，关注张家城的网民也越来越多。

2020 年 5 月 31 日，共青团中央公众号发布了题为《独臂少年打篮球上热搜！对战的那一刻，他已经赢了》的文章，随后《南方日报》《广州日报》《羊城晚报》《南方都市报》等省内主流媒体陆续跟进报道。

> **思政价值点**
>
> 1. 身体的残缺从来不是通往梦想最大的阻碍，一个人能否成功的关键在于是否拥有坚定的信念和永不磨灭的斗志。体育运动是磨炼个人意志的重要途径。
> 2. 成功并不困难，难的是跨过通往成功彼岸的一重重诱惑。坚持初心，奋力拼搏，方能向成功一步步迈进。
> 3. 体育运动是培养一个人刚毅的内心和强健的外在最简单而直接的方式。

案例 6 坚持与努力是成就梦想的"金钥匙"

案例描述

林书豪,一个华裔男孩,在篮球场上展现出过人的实力和天赋。然而,他的职业生涯并不顺利,甚至可以说一波三折。他第一次参加 NBA 选秀时,并没有被选中。之后他一度被下放到发展联盟打球。然而,在发展联盟,收入微薄,他的生活非常艰苦。但是,他并没有因此而气馁,反而更加坚定了自己的梦想和决心。在经过一段时间的努力和磨炼之后,林书豪终于获得了尼克斯队的青睐,并有了出场机会。他的表现让所有人都感到惊讶和赞叹,他连续多场比赛得分超过 20 分,甚至在一场比赛中独得 38 分,创造了属于自己的纪录。他的出色表现让他成为球队的得分王和 MVP,也让他在 NBA 赛场上崭露头角。

思政价值点

1. 一个人的成功并不仅仅取决于他的天赋和机遇,更重要的是他的态度和努力程度。
2. 只要坚持不懈地努力并相信自己的能力,就一定能够克服困难并取得成功。
3. 有梦想的人是了不起的,每个人都应心怀梦想,努力奋斗,成为更好的自己。

案例7 读《曼巴精神：科比自传》，体悟体育的价值

案例描述

我不太明白为什么会有那么多人喜欢科比，直到读了《曼巴精神：科比自传》一书，我才明白像科比这样的篮球明星值得每一个人去追逐他的思想和精神。

科比对篮球技艺的研究，值得每一个普通人借鉴。他在书中说："日益精进、成就伟大，这就是我持之以恒的内在渴望，从不需要任何外部力量的刺激。""身体某个部位的疼痛，往往来自其他部位的失衡。明白了这一点，就懂得重在治本，而非治标。"

科比能够成为篮球史上的一代传奇，是建立在他不断研究对手和思考对策的基础之上的。研究对手，拆解自己与对手的经典对决，研究和学习其中的奥秘，有效帮助了科比不断精进自身的篮球技能，而在分析、研究和拆解的过程中不断思考应对之策，又让他知己知彼，百战不殆。科比的这种为了实现理想的死磕精神，激励了无数人，也告诉我们一个简单的道理：世上真的没有难事，只要有心，一切皆有可能！

思政价值点

1. 享受运动、调节心理、克服恐惧、锤炼意志，体育是一个人最好的医美。

2. 体育运动对我们的生活有积极影响。科比表示："如果你要专注于某些事情，如果你想要做某些事情，你可不能半途而废，你得倾注你全部精力去完成那些事，尽力去完美地完成那些事。这就是事情解决的唯一途径。"科比的这种坚持、自律、超越精神，对我们在生活、工作中遇到困难时是一种很好的激励，可以帮助我们很好地成长，以及全面发展。

3. 竞技运动不仅可以强身健体，更重要的是能够培养抗挫能力和团队精神，这些对于一个人的成长至关重要。

第四章

排球课程思政案例

案例1 中国女排的传奇人物——郎平

案例描述

郎平是中国女排的传奇人物之一，她以自己的领导力和技术，成为球队的核心和灵魂。她曾执教中国女排，并带领球队获得多个世界冠军，包括奥运冠军和世界杯冠军。她的成功不仅是因为她的天赋和努力，更是因为她对排球事业的热爱和执着。

2016年里约奥运会，中国女排在郎平的指挥下，一路过关斩将，最终在决赛中击败了强大的塞尔维亚女排，获得了金牌。这也是中国女排时隔12年后再次获得奥运冠军。

郎平非常注重球队的文化建设和团队精神的培养。她强调团结、拼搏和奉献精神，通过严格的训练和比赛，培养了球员的自律和毅力。她还与球员建立了亲密的师生关系，关心她们的生活和成长，成为她们的良师益友。

思政价值点

1. 追求卓越。郎平以自己的努力和汗水，不断追求卓越和成功。她以自己的领导力和技术，成为中国女排的代表人物之一，并为中国排球事业做出了杰出的贡献。这种追求卓越的精神，鼓励人们不断挑战自我，追求更高的目标和成就。

2. 团队合作。郎平通过她的领导力和训练方法，打造出一支具有强大战斗力的球队。这种团队合作的精神，鼓励人们要注重团结协作，相互帮助，共同进步。

3. 爱国情怀。郎平作为中国女排的代表人物之一，始终心系祖国。她用自己的行动为祖国争光，展现出强烈的爱国情怀。

案例2　女排精神

案例描述

女排精神是中国女子排球队顽强战斗、勇敢拼搏精神的总概括，具体表现为扎扎实实、勤学苦练、无所畏惧、顽强拼搏、同甘共苦、团结战斗、刻苦钻研、勇攀高峰。她们在世界排球比赛中，凭着顽强战斗、勇敢拼搏的精神，五次蝉联世界冠军，为国争光，为人民建功。女排精神，给予全国人民巨大的鼓舞。各行各业的人们在女排精神的激励下，为中华民族的腾飞顽强拼搏，极大地激发了中国人的自豪、自尊和自信，为我们在新征程上奋进提供了强大的精神力量。

2021年9月，中国共产党中央委员会批准了中央宣传部梳理的中国共产党人精神谱系第一批伟大精神，女排精神被纳入其中。女排精神内涵为"祖国至上，团结协作，顽强拼搏，永不言败"。

思政价值点

1. 女排精神对于学生思想政治教育具有重要的启示意义，可以帮助学生树立正确的价值观和社会观，培养其热爱祖国、敢于拼搏、勇于担当的精神。

2. 女排精神可以促进学生之间的团结协作，增强班级和学校的凝聚力，有利于营造良好的校园文化氛围。

3. 通过将女排精神融入学生思想政治教育，可以进一步丰富和完善思想政治教育的内涵，提高学生的综合素质，培养学生的社会责任感。

案例3 从《星耀征途》了解中国女排

案例描述

2018年5月29日，由央视《体育人间》团队制作的，回访在里约奥运会上夺冠的中国女排的12名队员、7位教练，以及相关的各种人物的纪录片《星耀征途》开播。

《星耀征途》第一集起名为《逆战》。如何算"逆"？2016年，在里约奥运会女排项目的小组赛中，中国女排开局三连败，全队上下人心惶惶，眼看小组出线仅剩最后一次机会，中国女排却遇到了夺冠呼声最高的对手——巴西队。这场比赛，中国女排以3胜2负，爆冷获胜。

《星耀征途》第二集起名为《绝战》。这一集讲述中国女排迎来里约奥运会上最惨烈的一战——与荷兰队的淘汰赛。中国女排的排兵布阵显示出"奇兵"的作用，最终成功翻盘淘汰荷兰队。

《星耀征途》第三集起名为《决战》。中国女排经历小组赛的失利和接连的逆转，迎来奥运金牌决战。这一集讲述中国女排如何重回奥运巅峰，杀出重围，再创辉煌。

思政价值点

1. 祖国至上。几代排球将士为了国家的荣誉，舍弃了个人的安逸和舒适，全身心地投入艰苦的训练和激烈的比赛中，把爱国情怀、祖国至上融入自己的血液之中，在赛场上为国、为民争光。

2. 团结协作。中国女排团结协作的精神就是集体主义精神，只有把个人事业和集体事业融为一体，才能战胜强敌。

3. 顽强拼搏。女排精神之所以代代传承，最重要的是不畏艰辛、奋力拼搏的精神。青年人要弘扬女排精神，磨炼顽强拼搏的意志，成为敢担当、能吃苦、肯奋斗的新时代好青年。

4. 永不言败。中国女排永不言败的精神就是永不言弃的中华民族精神的赓续。青年人只有坚守永不言败的信念，才能目光坚定，才能激发"越是艰险越向前"的英雄气概，才能让中国力量、民族精神激励一代又一代人砥砺前行。

第五章 足球课程思政案例

案例 1 "独腿球王"何忆义拄拐进球

案例描述

何忆义从 5 岁开始踢足球，每天球不离脚。2003 年，还在读小学的他组建了一支名为"神奇小子"的足球队，并担任队长。他当时踢前锋，因为在球场上跑动速度快且进球多，慢慢在当地踢出了名气。

2009 年，他的左腿突发恶疾，在化疗无果后被截掉。几个月后，何忆义的伤口逐渐愈合，出院回家后，他做的第一件事就是尝试拄着拐杖单腿踢球。

2023 年 11 月 26 日，在中国举办的世界超级球星足球赛欧洲全明星队对美洲全明星队的比赛中，"独腿球王"何忆义作为美洲全明星队替补出场，并在最后关键时刻破门，帮助美洲全明星队追平比分。

思政价值点

1. 永不言弃。做任何事情都必须有坚持不懈、勇于拼搏的精神，才能取得最终的成功。

2. 热爱。热爱足球，喜爱并坚持，何忆义并未因截肢而放弃对足球的热爱。

3. 舍得。有舍才有得。坚持一些事情，必须放下一些事情。比如，运动员要坚持训练，就必须放弃玩乐；要保持良好的状态，就必须舍弃一些美食。

案例2 张琳艳：因为热爱，让足球突破每一道门

案例描述

对于出生在四川绵阳的张琳艳来说，足球是陪伴她成长的伙伴。8岁时，由于爆发力好，她被选入学校的女足球队，和众多高年级的女生一起开始了足球训练。在父母外出打工，和奶奶一起生活的那段日子里，张琳艳在球场上体会到了别处没有的自由和快乐。很快，她在足球上的天赋就开始闪耀。11岁那年，她作为四川地区唯一免费入学的女学员进入恒大足球学校，仅仅一年后就入选了U14女足国少队，并在亚少赛东亚区决赛中4次破门。在2022年女足亚洲杯对阵韩国队的争冠决战中，她在第60分钟替补王霜登场，当时中国队0∶2落后，张琳艳上场之后，先是制造点球，随后头球破门，硬是将中国队从悬崖边拉回，最终中国女足加时赛绝杀对手，站上了亚洲之巅。经此一战，张琳艳从默默无闻的小将，一跃成为女足世界备受关注的新星。

当球迷在为张琳艳欢呼时，很少有人知道伤病曾经带给她的困扰。早在2016年，彼时只有15岁的她在全国女足U16锦标赛上与对手发生身体冲撞，结果脚踝骨折，不得不接受手术。无论是医生还是母亲，都觉得张琳艳的足球生涯将就此画上句号，但年少的张琳艳坚决和命运抗争。为了踢球，张琳艳不惜和父母发生争吵，最终重回球场，也重新进入上升的轨道……，她的征途并未自此一帆风顺。2018年永川女足四国邀请赛，17岁的张琳艳披挂上阵，迎来自己成年女足国家队的首秀。这本是一个值得纪念与庆祝的日子，但在那场比赛中，她遭遇了膝盖前叉韧带断裂的重伤，不得不远赴德国进行手术治疗。在最期待于比赛中展现自己的年纪，张琳艳只能再一次和手术台、病床、恢复器械为伴……但这一次次的意外，没有打倒这个渴望全力奔跑的年轻人。

思政价值点

1. 张琳艳是一个很有特点的球员，"小、快、灵"，与此同时，有着极好的阅读比赛的能力，以及对足球的热爱和永不言弃的意志力。

2. 张琳艳非常自律，是一个很有想法的球员。她有自己的目标，也知道自己的短板，还会针对性地进行弥补，训练时非常认真刻苦。

3. 无论是在亚洲杯决赛中的逆转胜利，还是在每一场比赛中的顽强拼搏，张琳艳的表现无疑激励了无数国人。不仅如此，她以坚韧不拔和永不言败的精神践行着体育精神，让我们更深刻地认识到体育的力量在于精神和信念。

4. 张琳艳依靠"铿锵玫瑰"的气质，踢出自己的特色。这种特色得到了球迷的认可，也证明了金牌并不是体育的全部。

案例3　冠军球员水庆霞

案例描述

水庆霞与足球结缘，有些阴差阳错。她出道于上海市虹口区青少年体育运动学校（以下简称"虹口少体校"），但一开始练的是田径，主攻跳远和五项全能。教练们认为，她的身体条件一般，再练下去也很难达到很高水平，不如换个项目试试。

17岁那年，虹口少体校分流，水庆霞第一次接触足球。很难相信，一个17岁才知道足球规则的姑娘，日后能踢进国家队，能成为一流的球星。一开始，水庆霞的基本功和球感都很差。练了一段时间，教练考颠球，她颠不过10个。"可能骨子里有一股不服输的劲吧，再加上身体素质不错，最终是被教练选进了上海队。到后来，越踢越有感觉，自信心也上来了。"水庆霞说。干很多事情，的确是需要天赋和悟性的。在她转型短短一年多以后，国家队公布集训名单，水庆霞成为中国女足历史上第一个被征召的上海籍球员。水庆霞喜欢踢中前场，却又是场上的"万金油"。很多人认为，她是上海女足历史上技术最全面的球员，可以踢除门将以外场上的任何位置，而且所有位置都能达到国家队水平。事实上，她在国家队一开始踢的是左后卫。场上的水庆霞是有名的"拼命三郎"，拼起来简直不要命。1993年，在日本留学期间，她在一场普通的教学赛中受伤倒地，右腿胫骨被踢断，造成严重骨折，做了钢钉内固定手术。直到现在，每逢阴雨天气，水庆霞的伤腿还会时不时有点反应。"我的鼻梁骨现在看上去没什么毛病，其实断过两次，后来做了整形。除了在日本那次断腿，膝关节十字韧带也断过。"水庆霞回忆说，"我觉得这些都无所谓，毕竟生而为人，老天总要给你一些小的磨难让你去克服。"

旁人无法想象的重伤，水庆霞只是轻描淡写一句"小的磨难"。你就能听出，她的内心是多么强大。正是凭着这股"不要命"的狠劲，水庆霞才实现了"弯道超车"，踢出了名堂。1986年、1993年两次亚洲杯冠军，1996年奥运会亚军，水庆霞都是中国女足国家队的重要成员。2000年4月，34岁的水庆霞再度入选中国队征战悉尼奥运会，创造了国家队球员年龄之最。2001年年底，上海女足全运会卫冕之后，水庆霞终于做出了这个决定：退役。那一年，她35岁。

思政价值点

1. 勇于挑战。前进征程上，越是困难如山、挑战艰巨，越考验着迎难而上的勇气、坚韧不拔的精神、不畏险阻的气魄。

2. 相信自己。归根到底，一个人迎难而上的勇气来源于信念，事无不可对人言，相信自己做的是正确的事，自然没有丝毫犹豫和畏惧。

3. 鼓励尝试。鼓励学生参与项目、比赛和研究，让他们勇敢面对挑战，锻炼解决问题的能力。

案例4　中国女足再夺亚洲杯冠军

案例描述

2022年2月6日晚，中国女足时隔16年再夺亚洲杯冠军。

在半决赛对阵日本队时，中国女足两度落后两度扳平，在日本队加时赛先进球的情况下，中国女足没有放弃，拼到最后一刻，在第119分钟扳平比分，最终在点球大战中顶住压力杀入决赛。

短短三天之后，中国女足决赛对阵韩国队，上半场中国队0∶2落后，命悬一线，然而下半场连入两球追平比分，并在最后时刻完成绝杀，以3∶2的比分再次上演逆转绝杀奇迹，最终获得亚洲杯冠军。

在与日、韩女足的两场生死战中，年轻的中国女足姑娘们尽管在技术或体力上存在弱势，但每球必争，显示了"铿锵玫瑰"的精神气质。

思政价值点

1. 拼搏精神。中国女足不到最后一刻决不放弃，敢于拼搏，勇往直前，创造奇迹。

2. 无所畏惧。在面对强敌时，中国女足毫不惧怕，打出了队伍的精气神。生活中遇到困难时也应如此，不畏艰险，直面困境，尽自己最大的努力打破困境。

3. 团队精神。中国女足体现出集体主义精神，通过体育活动中的团队合作，可以培养和提高学生的人际沟通和协作能力。

第六章 武术课程思政案例

案例1 武术中的传承与创新——李小龙的故事

案例描述

李小龙，本名李振藩，1940年11月27日出生于美国加利福尼亚州旧金山。尽管他在异国他乡出生，但骨子里流淌的是中华儿女的血脉，他的祖籍是中国广东省佛山市顺德区。李小龙毕业于华盛顿大学，他不仅是一位华语武打男演员、功夫影星，更是一位武术技击家、武术哲学家。他被誉为世界武道变革的先驱者，是MMA（综合格斗）之父，也是UFC（终极格斗冠军赛）开创者，还是双节棍之父、截拳道创始人。但更为重要的是，他被誉为中国功夫第一位全球推广者。

20世纪60年代，李小龙赴美读书期间在西雅图开办了自己的第一所武馆，名字是"振藩国术馆"。"振藩"是李小龙的本名，寓意"唤醒和震撼外邦"。彼时，李小龙在信中谈到开办武馆的缘由，其中一条就是"希望让全世界了解中华武术的博大精深"。自始至终，李小龙都认同自己是中国人，肯定自己练的是中国功夫，而他在电影中表现出的也都是爱国情怀和民族精神。李小龙通过电影将中国功夫的魅力展现给了世界，他的武术哲学和技击技巧影响了无数武术爱好者和专业武者。他的表演充满了力量和激情，让人们看到了中国功夫的博大精深和独特魅力。

思政价值点

1. 传承与创新。李小龙的故事表明，只有在传承的基础上不断创新，才能取得卓越的成就。

2. 文化自信与交流互鉴。李小龙的武术思想融合了中国传统武术和西方格斗技巧，体现了文化的交流和互鉴。

3. 坚韧不拔与追求卓越。李小龙在武术领域取得的卓越成就和不断探索的精神，可以鼓舞学生坚持不懈地追求自己的梦想和目标。

4. 社会责任感。李小龙不仅在武术领域取得了卓越的成就，还致力推广武术文化，为社会做出了积极贡献。

案例2 跆拳道冠军吴静钰的成长之路

案例描述

吴静钰，12岁时以1.4米的身高开始练习跆拳道，在周围人对其"身高"的质疑、教练们对其不断的鼓励中，她经历了多次成功与失败的磨炼。在2006年多哈亚运会上，吴静钰一鸣惊人，夺得跆拳道女子47公斤级冠军。

2008年，吴静钰在北京奥运会上，夺得跆拳道女子49公斤级冠军；2012年，在伦敦奥运会跆拳道女子49公斤级成功卫冕；2016年折戟里约奥运会，泪洒赛场，但在当年多项国际大赛中取得不俗的成绩；2020年获得参加东京奥运会跆拳道项目参赛资格，虽然未能如愿站在东京奥运会领奖台上，但站在东京赛场上已经足够耀眼，已是不朽传奇。吴静钰是历史上首个参加四届奥运会的女子跆拳道运动员，她的执着，让人看到坚持的力量；她的信念，让人感受到体育精神的魅力。

追随内心，拥抱梦想；超越自我，虽败犹荣。吴静钰没有辜负自己，也没有辜负岁月，正如国际奥委会主席托马斯·巴赫所称："吴静钰是一个伟大的运动员和一个优秀的母亲。"

思政价值点

1. 坚持不懈。吴静钰历经四届奥运，始终坚持着自己的梦想，在遇到苦难的时候没有选择逃避与放弃，而是一次次地去超越自我。

2. 把祖国荣誉和国家利益放在第一位。要成为一名优秀运动员，需要做到热爱项目、不懈努力和勤奋刻苦；但要成为一名顶尖运动员，还要拥有超强的自律能力和追求极致的精神，成为让对手害怕的人。要时刻保持积极的心态，磨炼足够强大的内心，能受得起成功和表扬，也能经得住失败和批评。要信任教练、团结队友，共同营造团队良性竞争的氛围。要向顶尖运动员、传奇运动员学习，克服懒惰，不放弃目标，不低估自己，脚踏实地，日积月累，最终实现奋斗目标。

3. 敢赢，不怕输。要知道，不是每场比赛都能赢。在经历2016年刻骨铭心的失败之后，吴静钰有很长一段时间处在低迷中，最终在2019年的世界赛场上升起的国旗下重拾信心。

第七章

乒乓球课程思政案例

案例1 "六边形战士"马龙书写乒乓传奇

案例描述

马龙，1988年10月出生于辽宁省鞍山市，国际级运动健将，2014年任中国男子乒乓球队队长至今，截至东京奥运会总共拿到26个世界冠军。他被誉为"六边形战士"，是世界乒坛史上第十位大满贯选手，第一位双满贯、全满贯选手。

马龙的职业生涯充满了令人瞩目的成就，无论是在国内还是国际赛场上，他都展现出了卓越的球技和不懈的拼搏精神。马龙不仅拥有出色的技术，还在比赛中展现出强大的心理素质。无论面对多么困难的局面，他总能保持冷静，迅速找到应对方法。这种镇定和果断让他能够在关键时刻逆转局势，为团队赢得宝贵的胜利。马龙的成功并非偶然，而是源于他多年的努力和付出。他从少年时期就开始为国家队效力，并一直保持着良好的竞技状态和高度的敬业精神。无论是在国际赛场上还是在国内比赛中，他都展现出了极高的实力和出色的心理素质。

思政价值点

1. 不懈奋斗。马龙通过日复一日的训练，不懈奋斗，最终站在了世界乒坛的顶峰。因此，我们要持之以恒，始终保持积极进取的姿态。

2. 志存高远。马龙给自己树立了一个又一个目标，一步一个脚印地前进，最终迎来成功。因此，我们要树立远大的理想，坚定信念，奋勇向前。

3. 不惧艰险。马龙经历了一个又一个挫折，但他没有倒下，反而破茧成蝶。因此，我们要吃苦耐劳加油干，越是艰苦越向前。

案例2　从孙颖莎运动生涯的目标定向体悟运动中的目标价值

案例描述

孙颖莎的运动生涯是一个典型的目标定向案例，按照"运动中的目标定向"，可以将孙颖莎的运动生涯划分为不同阶段：5—12岁，从锻炼身体的兴趣目标逐渐转移到追求世界冠军的初期目标；13—14岁，明确进攻技术等运动技术增强的学习目标；15—19岁，进入乒乓球国家二队后，以提高技能水平为总体目标，在心理调节能力上也得到较好的锻炼；19岁以后，专注于赛场，保持良好的心态，展示了她对提高技术的不懈追求和对未来取得更大进步的期许。孙颖莎运动目标的演变，展现了她在面对挫折时的韧性和对提高技术的追求，凸显了学习目标定向在运动中的积极作用。

思政价值点

1. 积极向上的人生态度。鼓励学生制定并坚持实现科学的短期与长期目标，以批判性视角分析原因，相信自己拥有达成既定目标的能力，树立积极向上的自信心。

2. 理性思维的培养。鼓励学生用辩证思维寻找问题、分析本质、综合概括，以得出科学结论，发展全面分析、敢于质疑的理性思维能力。

3. 时代精神的体现。追光的人终将光芒万丈。孙颖莎对乒乓球的专注、对乒乓球的解读、对国家荣誉的重视，使得她成为年轻人学习的榜样，是"00后"的杰出代表，是时代的楷模。

案例3 乒乓精神

案例描述

从容国团1959年在世乒赛上夺冠，圣·勃莱德杯第一次刻上中国人的名字起，中国乒乓球队迅速崛起，并在之后的半个多世纪里独步世界乒坛、长盛不衰。乒乓球，这项在我国根基不深、历史不长的体育运动，迅速成为百姓的最爱，被敬奉为"国球"。无论是在竞技赛场还是在国际交往舞台，小小乒乓球承载着期待和希望。

英雄辈出、群星灿烂、长盛不衰铸就了乒乓精神，而乒乓精神激励着后人再创辉煌。"人生能有几回搏，此时不搏何时搏"，容国团当年的呐喊已然成为一代又一代体育健儿的座右铭；"为国争光，勇攀高峰"，体现的是祖国荣誉高于一切的高远志向；"胜了从零开始，败了打翻身仗"，展现的是宠辱不惊、不骄不躁、永不言弃、永远进取的思想境界。

因为这种精神，所以有了刻苦训练，团结拼搏，甘愿陪练，甘当无名英雄。中国乒乓球队团结协作、互帮互学的氛围令外国选手羡慕不已。有"乒坛常青树"之称的瑞典名将瓦尔德内尔曾多次表示，每次和中国选手交手，感受到的不仅仅是对面一名选手，还有他身后一个强大的团队，它是一堵厚厚的城墙，难以逾越的"乒乓长城"。

因为这种精神，所以有了技术创新，锐意进取，努力求新求变。中国不仅发明了传统的直拍快攻打法，还借鉴发展了横拍快攻结合弧圈和防守结合进攻等多种战术风格。截至2002年，在世界乒乓球运动的百年进程中，一共有46项技术和打法的创新，其中中国选手首创的有27项。

中国乒乓球始于短缺经济的岁月，发展于经济的转轨阶段，辉煌于进一步改革开放、全面建设小康社会的新时期。随着时代的变迁，乒乓精神得到了不断的丰富和弘扬，一代代乒乓国手的爱国情怀、拼搏奉献、创新务实凝聚起来的精神力量已经成为中华民族的宝贵财富。

思政价值点

1. 拼搏精神。中国运动员将拼搏精神牢记在心，代代相传。这也正是中国体育实现从弱到强的内在动力。

2. 集体主义精神。国乒集体里不仅有为国出战的主力，还有默默无闻的陪练，但无论何种身份，所有队员都深谙：中国乒乓球队是一个集体，是整个团队在与世界争锋。集体主义精神是中华民族精神不可或缺的组成部分。一代代乒乓人秉承着集体利益高于一切的信念，在一项以个人技能为主的运动中，淡化个人得失，坚持祖国荣誉至上，心甘情愿为队伍贡献力量。这也是中国乒乓球队能够一直屹立于世界之巅的重要原因。

3. 创新精神。中国乒乓球队长盛不衰，也得益于这支队伍坚持创新。

案例 4　王楚钦放弃得分，展现优秀体育品质

案例描述

2023 年 12 月 5 日，成都国际乒联混合团体世界杯国乒对阵中国香港队时，"莎头组合"的王楚钦和孙颖莎在比赛进行到第 2 局时，以 3∶1 领先。然而，接下来发生的一幕令人意外而感动。王楚钦突然示意裁判停止比赛，他走到裁判旁边，拿着球向裁判展示。原来，王楚钦在得分后发现拿到的球裂开了。他认为球裂开可能导致对手无法准确预判球的落点，因此选择放弃这一分，重新比赛。这一举动赢得了现场观众的一片掌声和欢呼。

思政价值点

1. 一场比赛不仅是技战术的比拼，更是体育道德的展现和体育精神的延续。运动员在比赛中要具有高尚的体育道德和专业素养，不仅要赢得比赛，更要赢得观众的尊重和喝彩，体现体育风范。

2. 体育竞技应该以尊重为基础，无论比赛结果如何、对手的技能水平如何，都要尊重对手，尊重他们的努力。

3. 球品好，人品更好，体育运动能够很好地展现一个人的内在品质和道德修养。

案例 5　乒乓球品牌"红双喜"的由来

案例描述

1959 年 4 月 6 日，我国优秀乒乓球运动员容国团，在多特蒙德举行的第 25 届世界乒乓球锦标赛男子单打决赛中，荣获冠军。参加比赛的有 40 多个国家和地区代表队的 240 多名优秀选手。容国团夺得的冠军，是中国在世界体育比赛中的第一个冠军。这个冠军的意义极为深远，乒乓球从此成为中国的"国球"。容国团带着金牌回国后，受到了国家领导人的亲切接见，被视为"民族英雄"。周恩来总理更是将容国团夺冠和十周年国庆视为 1959 年两件大喜事，还将中国首次生产的乒乓球命名为"红双喜"，这就是"红双喜"品牌的由来。

思政价值点

1. 容国团为中华人民共和国拿到第一个体育世界冠军后，乒乓球自此被奉为"国球"，渐渐成为民族情感的寄托，成为国家运动的象征。

2. 中国乒乓球队一直坚持"祖国荣誉高于一切"的宗旨，即使是在运动员高度个性化、价值观多元化的今天，"祖国荣誉高于一切"的观点仍然深入球队每个成员的心中。

3. 中华人民共和国成立初期，百废待兴，直至 1959 年我国才自主研发出乒乓球，并在后期大量生产。时至今日，红双喜品牌依旧活跃在市场上，并被很多世界大赛指定为比赛用球。这充分体现了我国人民发奋图强、自力更生的精神，值得学习和弘扬。

第八章

网球课程思政案例

案例1 "网球天后"李娜的故事

> 案例描述

在中国体育史上,李娜如同一颗璀璨的明珠,在网球这项在中国相对小众的运动的天空中熠熠生辉。她不仅是一位杰出的运动员,更是无数人心中的励志典范,其辉煌的纪录背后藏着无数汗水与泪水。对于广大球迷而言,李娜是不折不扣的偶像。

作为一名职业网球运动员,尽管身后有家人、朋友、教练和团队的支持,但在赛场上真正面对挑战与压力的时刻,她必须独自披荆斩棘。李娜曾直言:"每场比赛中的上千次决策,都是由自己承担,面对赛场上铺天盖地的恐惧,只能独自应对。"李娜的坚韧不拔和永不言败的精神,成为许多人面对困难时的精神支柱。球迷们从她的故事中看到了一个普通女孩如何通过不懈努力,登上世界之巅的励志传奇。李娜的纪录并非一蹴而就。从武汉的球场到法国公开赛的红土,她的每一步都伴随着艰苦的训练和无数次的自我超越。面对伤病,她没有放弃,反而以此为契机,磨炼顽强的意志。从2011年法网夺冠,到2014年澳网再次封后,李娜用行动诠释了"从低谷到巅峰"的内涵。

> 思政价值点

1. 李娜的成就,远远超出了个人荣誉的范畴。她激励了一代又一代的年轻运动员,尤其是女性运动员,勇敢追梦。李娜证明了女性同样可以在国际体育舞台上大放异彩,改变了社会对女性运动员的传统认知,推动了性别平等观念在体育领域的深入。同时,网球运动在国内的普及程度也因她而大幅提高,网球俱乐部如雨后春笋般涌现,青少年参与热情高涨。

2. 李娜的纪录不仅属于网球,更属于整个中国体坛,乃至所有在梦想路上奔跑的人。她教会我们,无论面对何种挑战,只要坚持自我,勇于突破,就能创造属于自己的辉煌。

案例 2 "火箭少女"郑钦文的网球之路

案例描述

郑钦文，一个在网坛迅速崛起的名字，她的成就不限于球场上的胜利，更在于她激励着无数年轻心灵。2024年8月3日，郑钦文以一场酣畅淋漓的胜利，一举夺得巴黎奥运会网球女子单打冠军。这不仅是她个人职业生涯辉煌的里程碑，更是中国网球史上崭新的篇章。从默默无闻到国际舞台的闪耀新星，郑钦文用一场场比赛证明了自己的实力，也在中国乃至世界范围内树立了新的偶像标杆。人们不禁要问：这朵在网坛璀璨绽放的金花，究竟是如何在风雨中茁壮成长，绽放出如此耀眼的光芒？她的成功背后，是否隐藏着一段段不为人知的奋斗历程？

2002年的金秋十月，郑钦文出身于湖北十堰的一个平凡家庭。她自小便展现出超乎常人的活力与好奇心及对运动的热爱与执着，正是这份与生俱来的活泼好动，为她日后的网球之路埋下了希望的种子。2008年，奥运圣火在北京熊熊燃烧，人们的体育热情被空前点燃，很多人不顾夏日的炎热，来到北京体验体育赛事的火辣魅力。郑建坪也带着6岁的小钦文来北京观看比赛，看其他项目的时候，小钦文都表现得很兴奋，加油呐喊，手舞足蹈。比赛结束之后，小钦文就和父亲反复讨论起网球比赛中的细节、规则，表现出浓厚的兴趣。为了女儿的运动梦想，郑建坪把她送到了十堰的网球训练营，这里便是郑钦文梦想启航的地方。

几年的磨砺，让她从青涩走向成熟，实力与日俱增。为了有更广阔的天地，2011年，郑建坪带着郑钦文来到省城，这里有更专业的指导，更激烈的竞争，也有郑钦文心中偶像李娜的足迹。在2014年的全国赛场上，年仅12岁的郑钦文斩获了十堰市历史上首个网球女子单打、双打全国冠军，一鸣惊人。2018年，郑钦文参加了法网、温网、美网青少年的比赛，都打进了16强。2019年年底，郑钦文的个人世界排名在第649位。经历4年多大满贯赛事的征战，郑钦文冲进了前十，球迷送给她"火箭少女"的称号。从此，郑钦文也曾在比赛上因心急吃亏。2022年，郑钦文第一次参加国际女子网球协会的正赛，遭遇了曾经的世界第一、三座大满贯得主科贝尔。决胜盘，郑钦文手握4∶1的巨大优势，却因心急输掉了比赛。在那之后，郑钦文有意识地培养自己的耐心，在球场上耐心寻找机会，不急于为自己定下一个必须实现的目标。不过，这不等于原地踏步。"我更希望自己能享受网球，一场一场地走，看我自己到底能走到哪里。"郑钦文说。

从初出茅庐到荣誉加身，郑钦文的每一步都凝聚着不懈努力。她的故事，是对所有追梦人的鼓舞——无论前路多么艰难，只要坚持不懈，终将抵达梦想的彼岸。

思政价值点

1. 体育精神的完美诠释。郑钦文的夺冠之路并非一帆风顺。她凭借坚韧不拔的意志、顽强拼搏的精神，一路过关斩将，最终站上了奥运会的最高领奖台。在比赛中，她展现了高超的技术、出色的心理素质和强烈的求胜欲望。这种不畏强敌、勇于挑战的精神风貌，正是体育精神的完美诠释。郑钦文的胜利，不仅是对个人能力的肯定，更是对中国体育精神的传承和发扬。

2. 中国体育的国际影响力。郑钦文的夺冠，进一步提升了中国体育在国际上的影响力和地位。她的成功，将为中国体育的国际化进程注入新的活力。

3. 激励与启示。郑钦文的夺冠，给广大体育爱好者和年轻运动员带来了巨大的激励和启示。她用自己的行动证明：只要勇于追逐梦想、坚持不懈地努力奋斗，就能创造属于自己的辉煌。同时，她的成功也提醒我们：在体育竞技中，不仅要注重技术和战术的训练，更要注重心理素质的培养和锻炼。只有这样，才能在激烈的比赛中保持冷静、稳定的心态，发挥出最佳水平。

第九章 游泳课程思政案例

案例1 坚韧拼搏，温情共赢：张雨霏与池江璃花子的亚运之旅

案例描述

杭州亚运会女子50米蝶泳决赛中，中国选手张雨霏摘得本届比赛的第六枚金牌，以刷新亚运会纪录的成绩取得胜利。然而，这场比赛的魅力远不止于金牌的辉煌。在赛后，张雨霏与日本选手池江璃花子展现了她们之间超越竞技场的真挚友谊。池江璃花子曾在2018年雅加达亚运会上斩获6金2银，与张雨霏可谓强者惺惺相惜，建立了深厚的友谊。然而，她在2019年被诊断出患有白血病，一度深陷病痛之中。但她以令人惊叹的坚韧和勇气战胜病魔，重返泳池。她不仅仅是运动员，更是生命的勇士。张雨霏也带病参赛，她与池江璃花子的亚运之旅不仅是一场体育比赛，更是一幕彼此尊重、共同成长的精彩人生剧。这个故事超越了单纯的竞技，成为体育界的亮点，为观众呈现了一场温馨而震撼心灵的演出。

思政价值点

1. 团结友爱。在竞技场上，尽管彼此是对手，但在挫折面前，她们选择携手共进，为人们传递了积极向上的信念。

2. 共情与鼓励。运动员之间共同经历的艰辛和困难，使她们更能理解对方。这种共情和鼓励在竞技体育中显得尤为珍贵，激发了更多运动员共同努力、共同成长。

3. 公平竞争与人文关怀。体育竞技场上既有激烈的竞争，也有人文关怀的瞬间。这体现了公平竞争与人文关怀可以共存，使体育赛事更富有情感和内涵。

案例2　从"无臂飞鱼"郑涛看体育的价值

案例描述

2012年伦敦残奥会上，以头撞壁的"无臂飞鱼"——游泳健儿郑涛首次出战，因一张"咬毛巾"的照片被网友熟知。因为没有手臂，他只能靠紧咬毛巾保持准备出发的姿势；接近终点时，他无法用手停止运动，只能用头狠狠撞向池壁。

即使是这样残酷的条件，也阻挡不了他创造传奇的勇气。在2020东京残奥会男子50米蝶泳决赛中，郑涛夺冠并打破世界纪录。在此之前，他刚与队友一起拿下自由泳接力冠军，刷新世界纪录。

比赛前，郑涛的教练熊小铭在采访中说："训练时，我让他不要用头去触壁，因为非常疼，看着都心疼。但他对自己的要求非常严格，他说如果不用头触壁，每次的成绩就不准确，让我不要怕他疼。"

思政价值点

1. 积极拼搏。从郑涛的事迹中可以看出他积极向上，敢于和命运搏击。
2. 超越自我便是成功。郑涛每一次刷新纪录，都是以巨大的疼痛来宣告的。他扬起的每一朵水花，都是对生命的礼赞。
3. 不向命运低头。他是向上苍宣战的勇者，不在意命运馈赠的多寡，只知斗志昂扬，征战四方。

案例3　金蝉终脱壳，一跳惊天下

案例描述

全红婵凭借"水花消失术"被誉为"跳水精灵"。她在东京奥运会上一跳成名后，又在杭州亚运会上再创奇迹！然而，全红婵光鲜亮丽的成绩是她日复一日用努力和汗水堆砌出来的。她每天早上6点起床，晚上9点才能休息，运动员训练的艰辛和强度是不言而喻的，尽管每天练得全身酸痛，但是她没有想过放弃，始终保持着对梦想的执着追求。全红婵出身贫苦，父母都是普通农民，家里还有几个兄弟姐妹。起初她练习跳水是为了给家里减负，所幸她的运动天赋为伯乐所赏识，所幸功夫不负有心人，她终于在东京奥运会上以惊人一跳为中国队赢得了荣誉。

思政价值点

1. 聚焦自我，心无杂念。尽管全红婵出身贫苦，但是她始终没有动摇跳水的决心，也没有因家境贫寒而自哀自怨，而是把全部精力投入训练中。

2. 脚踏实地，不骄不躁。从她日复一日坚定地投入训练中，我们能够发现她是一个脚踏实地的人。每一个人都会仰望天空，但更难得的是脚踏实地、戒骄戒躁。

3. 先天优势固然重要，但更重要的是后天的努力。在人生道路上，我们不能在先天优势上躺平，要在此基础上付出更多的努力，尽可能发挥自己最大的潜能。

第十章 其他体育课程思政案例

案例1 从杭州亚运会感受中国力量

案例描述

作为亚运史上首次将"智能"纳入办赛理念的一届亚运会,杭州亚运会蕴含诸多科技元素,让体育盛会成为展示浙江创新活力的"科技盛宴"。例如,采取矩阵式管理和数字化管理手段,实现各方力量高效协同;比赛成绩发布仅需5秒;首个"数实融合"零误差的点火仪式;等等。

杭州亚运会运动员报名人数和参赛项目数量创历届之最,中国队886名亚运健儿和439名亚残运会运动员以顽强拼搏的精神书写个人体育生涯的传奇故事,不断刷新亚运历史的最好成绩。例如,"百米飞人"大战,谢震业以9秒97夺冠;全红婵、陈芋汐获得中国队跳水首金;张雨霏勇夺六金;等等。

杭州亚运会既是精彩的体育盛会,也是展现杭州历史、文化、创意和魅力的重要窗口。例如,亚运会的"潮涌"会徽,吉祥物"琮琮""莲莲""宸宸",呈现杭州湖山景观的"湖山"奖牌,融合富春山水、千岛湖景的亚运场馆,等等。

杭州赛会组织方通过策划文化展览、表演、庆典等活动,让人们近距离接触体验亚洲不同国家的文化、传统和风俗,感受各国文化的交流与碰撞,促进亚洲人民友谊与合作,向世界传递"更团结"的强烈信号。

在竞技体育独特魅力的引领下,大众对体育的认知不再局限于金牌,也不仅仅甘当"观众",全民健身逐渐成为一股热潮和生活方式。在竞技体育与全民健身的相互作用下,中国在体育强国之路上走得更加扎实有力。

思政价值点

1. "集中力量办大事"的亚运故事,可以引导学生更加坚定中国特色社会主义的道路自信、理论自信、制度自信、文化自信,为全面建成社会主义现代化强国、实现中华民族伟大复兴贡献青春力量。

2. 亚运赛场上的拼搏奋斗故事,能够激发学生热爱祖国、接续奋斗的昂扬斗志,培养他们吃苦耐劳、不懈努力的意志品质,战胜自我、超越他人的勇气和信心,以及顽强拼搏、为国争光的坚定信念,在中国式现代化的体育实践中充分发挥铸魂育人作用。

3. 具有浙江风采和杭州韵味的亚运文化故事,可以引导学生增强民族自信心、自豪感,自觉肩负起建设中华民族现代文明的使命担当。

4. 亚运会上展示中国力量、风貌的故事,可以引导学生自信地与世界对话,用青春的话语传递中国温度,展现中国青年的时代风貌和当今中国的城市文明。

5. "构建亚洲命运共同体"的文明互鉴故事,能够使"构建人类命运共同体"理念植根于学生心中,培养学生堪当民族复兴大任的担当意识,以国际视野和博大胸怀迎接未来挑战。

案例 2　赓续红色体育文化基因，传承青年红色体育精神

案例描述

中央苏区红色体育源于 20 世纪初的赣南、闽西一带，它是顺应历史发展潮流和满足革命战争需要而产生、形成和发展起来的一种特殊的社会文化形态。中央苏区时期，党的第一个全国性体育组织"中华苏维埃共和国赤色体育运动委员会"成立，以"锻炼工农阶级的筋骨，战胜一切敌人"为方针，因地制宜开展体育活动，从实际出发制定体育政策，将体育工作与军事训练、文化教育、青少年教育、政治宣传紧密结合，切实有效地提升了红军战斗能力，增进了军民团结。这一时期的体育工作鲜明体现了中国共产党"为人民服务"的初心宗旨，将艰苦奋斗、团结协作等体育精神贯穿始终，为中国共产党取得新民主主义革命胜利提供了强大的精神力量，是中国体育事业发展宝贵的经验财富。

1933 年 5 月 30 日—6 月 3 日，中华苏维埃共和国"五卅"运动大会在瑞金隆重召开，这是中华苏维埃共和国规模最大、项目最全、规格最高、影响最深远的一次体育盛会，点燃了红色体育的"圣火"。苏区运动会上的网球拍，传递出中央苏区体育运动的时尚；箩筐改造成的篮筐，彰显出苏区军民因陋就简、就地取材的革命浪漫主义精神。

思政价值点

1. 这一时期的体育活动彰显出苏区军民因陋就简、就地取材的革命浪漫主义精神，不断激励着当代体育人不忘初心，接力奋斗。

2. 体育运动的人民性将革命斗争与增强人民体质相统一，提高了人民身体素质和军队战斗能力，深刻体现了独立自主的探索和实践精神。

案例3　一个伟大民族与一项伟大运动的历史性融合

案例描述

"绿色奥运、科技奥运、人文奥运",是2008年北京奥运会的核心理念。有人评价说,把环境保护、科学进步、和谐相处等当今人类共同的向往与追求融入奥运会的筹备之中,是中国对奥林匹克运动的独特理解与贡献。在北京和各协办城市,北京奥运会所需的37个竞赛场馆已全部投入使用。独特的建筑风格,良好的比赛设施,令人叹为观止,这是中国为奥林匹克运动留下的直接遗产。其实,在外形之内,这些场馆有着更深刻丰富的内涵:奥运村的太阳能光热系统,利用太阳能为16 000多名运动员提供洗浴热水;"鸟巢"通过收集、处理雨水,年均节水近6万吨……这样的运动场馆,为重在参与的奥林匹克运动创造了条件;这样的设计思想,向体育之外的人们昭示了绿色、环保、爱护地球等人类深远的理念。"鸟巢"是目前世界上跨度最大的钢结构体育场;"水立方"采用了国际首创的空间多面体结构;北京工业大学羽毛球体育馆穹顶是目前世界上跨度最大的预应力弦支穹顶结构……这样的场馆展示了21世纪的科学成果,这样的创新激发人们的科学精神。北京奥运会主新闻中心楼层景观按照《诗经》中"风、雅、颂"主题设计;"鸟巢"的圆环形碗状看台没有一根柱子,观众环绕而坐,心手相连,共同激励着赛场上的运动员,人是体育场真正的核心……北京用以人为本展现"人文奥运",用"人文奥运"提升人们的人文素养。北京奥运会的筹备过程,是中华优秀传统文化与奥林匹克精神融合的过程。北京奥运会会徽"中国印·舞动的北京"、奖牌"金镶玉"、吉祥物"福娃"、火炬"祥云"等一系列独特形象,都清晰地闪现出中国文化的身影。北京奥运会体育图标"篆书之美",巧妙地融合汉字书法与现代竞技项目的特点,但设计难度极大。中央美院设计团队在设计篮球图标时,从胯下运球到飞身扣篮方案的修改就用了13个月,9次提交才获得通过。中华元素在奥林匹克的文化长廊里闪现出独特魅力。

2008年5月8日上午9时17分,北京奥运圣火成功登顶珠穆朗玛峰,"祥云"火炬第一次在世界最高峰熊熊燃烧。这是奥林匹克火炬传递史上一个伟大的壮举,充分展现了"更快、更高、更强——更团结"的体育精神,为奥林匹克运动留下一份珍贵的遗产。13亿中国人参与,是奥林匹克精神普及的里程碑。奥运会第一次走进世界上人口最多的国家,使奥林匹克精神和理念在地域范围、人口数量和文化融合等诸多方面,都实现了一次飞跃。更重要的是,北京奥运会对4亿青少年进行历史上最广泛的奥林匹克教育,在他们心中根植和平、平等、道德、参与、进取、奉献、责任感和公平竞争等奥林匹克理念与价值,努力将他们培养成理解奥林匹克精神、具有国际视野和文明素养的一代人。这些播撒在青少年心中的奥林匹克种子将会生根、发芽、成长,结出果实,并流传下去,惠泽一代又一代人。

思政价值点

1. 融合与创新，中华优秀传统文化在奥运舞台上焕发新生。开幕式中以活字印刷为灵感，800个字模如波浪流动，用几分钟的表演让世界惊叹。

2. 创造历史，通过体育促进世界和平。开幕式将传统文化与现代科技巧妙融合，在不同版本的视频记录中可以看到"他我"与"自我"。

案例4　体育运动是"认识你自己"最为有效的方式

案例描述

古希腊先哲苏格拉底不仅是哲学家、思想家,还是教育家。他说:"我的母亲是个助产婆,我要追随她的脚步,我是个精神上的助产士,帮助别人产生他们自己的思想。"所以,他时常在雅典的大马路上向行人提问,激发人们的思考。这便是流传千古的格言"Know yourself"(认识你自己)的由来。

我们常常向外求索,却对自己知之甚少。自己的能力有多强?潜质有多大?极限在哪里?苏格拉底认为,体育运动是"认识你自己"最为有效的方式,没有之一。在运动中,心跳加速、血脉贲张、肌肉颤动,我们感受到的是最真切的生命力量。当我们超越生理极限达到又一个体能(技能)高地,抑或到达能力边界无法逾越的时候,自己的能力、潜质和极限便了然于胸了。认识自己,才能发挥所长,才能扬长避短、不难为自己。

至今,在奥林匹亚阿尔菲奥斯河岸的岩壁上仍保留着古希腊人的体育格言:如果你想强壮,跑步吧!如果你想健美,跑步吧!如果你想聪明,跑步吧!

思政价值点

1. 体育具有人格塑造的力量。体育可以通过身体塑造完成人格塑造,在这个过程中实现自我认知和人生觉悟。

2. 体育具有超越自我的价值。人生有很多挑战,体育运动是迎接人生挑战的预演。超越自我,往往比超越他人更加艰难,因为你得跳出舒适圈、不断学习,当自己人生的领跑者。但是,勇于超越自我的人,还有什么能让你畏惧的呢?

3. 体育具有智慧生活的意义。体育运动能让你变得自信、健康和聪明,进而拥有智慧生活的思维和能力。

案例5　苏翊鸣：180度的变化源于一直热爱

案例描述

在2021年11月5日进行的2021—2022赛季自由式滑雪大跳台世界杯男子单板滑雪大跳台比赛中，中国选手苏翊鸣凭借155.25分的总成绩夺得冠军，成为站在该项目世界杯冠军领奖台上的中国第一人。这位17岁的单板小将，正如其名字一样，一鸣惊人！

13年前，4岁的苏翊鸣被父亲第一次带到雪场滑雪。懵懂的他，并不懂单板滑雪是怎样一项运动，但经过尝试后，苏翊鸣逐渐喜欢上了滑雪。在父母的影响下，苏翊鸣进步迅速，7岁便成为世界最大滑雪品牌的签约滑手。2014年，苏翊鸣更是以出色的滑雪技巧，成为电影《智取威虎山》中"小栓子"角色的最佳人选，拥有了一段奇妙的"童星出道"经历。2015年7月31日，北京携手张家口获得2022年冬奥会举办权。在梦想的驱动下，此后的苏翊鸣不断努力，一步一个脚印，2018年苏翊鸣入选跨界跨项中国单板滑雪国家集训队，2020年苏翊鸣完成国内首个三周空翻转体1 620度动作，2020年苏翊鸣在2020—2021赛季全国单板滑雪大跳台和坡面障碍技巧锦标赛及冠军赛中夺得4项冠军……

聪明、自律、目标明确、不断努力，教练佐藤康弘对弟子的评价远不止于此，在他眼里，苏翊鸣是一位"天才型选手"，"苏翊鸣对训练拥有巨大的热情，能够制定长远的规划和目标，对此毫不懈怠"。

为了备战世界杯，苏翊鸣整个夏季都在进行气垫练习和体能练习，中间也存在许多困难。"大跳台需要两个方向的动作，我一直是一个方向比较好，需要提升另一个方向。另一个方向我在水池训练时成功率并不高，我用了两天时间在气垫上练习，掌握了一种适合自己的方法，马上到雪场进行实践。"当在比赛中完成自己不擅长的动作，苏翊鸣表示自己非常高兴。

对于苏翊鸣而言，每一次突破，是背后成百上千次的练习，从夏天到冬天，科学频繁的训练，才让他实现更大的超越。"从1 620度到1 800度到1 980度，听起来是180度的变化，但对我们来说，这180度的进步需要的努力很多很多。"苏翊鸣表示："要赢得比赛，需要付出不同的努力，战术的安排，对别人的了解，自己技术的提升，对我来说都是前所未有的挑战，对手不断进步也在激励我要做得更好。"这位年轻的小将正在享受这个过程。

思政价值点

1. 以梦为马，勇敢坚毅。青年一代有理想、有担当，国家就有前途，民族就有希望，实现中华民族伟大复兴就有源源不断的强大力量。在苏翊鸣身上有一种强烈的使命感、责任感和荣誉感，能清晰地看到他自觉把个人的理想追求融入国家事业之中，把自己的梦想与国家紧紧相连。他的教练佐藤康弘说过："苏翊鸣一直是一个有梦想、有目标的人，他经常主动加练，并且享受训练、享受最喜爱的运动。"现在出现在人们视野中的是他的一鸣惊人，而在这背后，是日复一日的刻苦训练，是不知疲倦的艰苦付出，是超越自我的勇敢坚毅。他曾说过，不害怕受伤，只要知道原因，就可以避免。这一路走来，所付出的艰辛，只有他自己知道。

2. 认真努力，脚踏实地。苏翊鸣希望在所有喜欢的领域都做到最好，他领悟出的道理就是努力永远不会欺骗人。他从来不觉得训练很痛苦，他认为自己的努力都会收获回报。他对运动的理解，是成就他的根本动力。

3. 目标明确，坚持不懈。习近平总书记曾深情寄语青年："青年朋友们，人的一生只有一次青春。现在，青春是用来奋斗的；将来，青春是用来回忆的。"作为青年大学生，树立什么样的人生观至关重要，相较于部分大学生每天无所事事，游戏至上，苏翊鸣的人生足以让无数大学生醒过来。倘若每个人都像苏翊鸣一样，有明确的目标，并一直坚持下去，日复一日刻苦练习，就算不是每个人都能成功，但相信这些青年人的前途也是一片光明。这也许就是榜样和偶像能带来的力量。

案例6 "首金荣光"背后是一种精神传承

案例描述

1984年洛杉矶奥运会，未满27岁的许海峰在男子自选手枪比赛中夺冠，实现了中国奥运金牌"零"的突破。40年后，平均年龄只有18岁的"青春组合"黄雨婷/盛李豪不负众望，以精彩表现赢得2024年巴黎奥运会首金，续写了中国射击的荣光。

1984年以来，在中国参加的11届奥运会中，中国射击队8次为中国体育代表团夺得首金，其中5次为中国体育代表团夺得当届奥运会首金。40年不懈拼搏，让中国射击队成为中国体育代表团名副其实的"开路先锋"。射击比赛因为赛程短、有悬念、精彩刺激，在历届奥运会中往往被安排在开始阶段进行，因此被誉为奥运会首金项目。拿下首金，为代表团赢得"开门红"，对于代表团打好开局、稳定军心、提振士气具有重要作用。因此，有着夺取首金任务的中国射击队，承担着更大的责任。在多年的拼搏奋斗中，中国射击项目积淀形成了一种宝贵的精神。现任国家体育总局局长高志丹在射击射箭运动管理中心担任主任的时候，就对这种精神做了阐释："坚持为国争光的理念、坚持争创一流的标准、坚持刻苦训练的精神、坚持精益求精的态度，塑造了射击项目的精神之魂。"这种精神，在一代代射击人身上体现出来就是，他们能够在奥运赛场上勇当先锋、为国争光。

许海峰为中国夺得奥运首金，为中国体育翻开了崭新一页，对于提升国家形象和民族自信心产生了深远影响。2021年，"00后"小将杨倩在东京奥运赛场射落首金，展现了中国青年敢打敢拼、自信阳光的形象。2024年巴黎奥运会，黄雨婷/盛李豪这对"青春组合"，同样用实际行动和精彩表现，展现了中国射击项目的精神品质。

思政价值点

在推进中国式现代化的进程中，各行各业都需要"排头兵"和"先锋队"，各行各业也都离不开这种"勇当先锋"的精神。因此，中国射击项目所创造的以"为国争光、争创一流、刻苦训练、精益求精"为主要内容，以"勇当先锋"为鲜明标志的体育精神，也是我们这个时代所需要的精神。射击健儿不负众望、勇夺首金的优异表现，得到国人广泛赞誉，这是人们对他们身上所体现出的这种体育精神的认同。

案例 7　莫慧兰：人生就是不断挑战自我

案例描述

在 1994 年世界体操锦标赛高低杠比赛中，13 岁的莫慧兰凭借"向前空翻一周半越杠"惊艳世界。这个高难度动作不仅令全世界的观众惊叹不已，而且被国际体联以莫慧兰的名字命名为"莫氏空翻"。此外，莫慧兰还在 1994 年广岛亚运会及 1995 年世界体操锦标赛上为中国队赢得多枚金牌，并在 1996 年亚特兰大奥运会跳马单项比赛中获得银牌。然而，辉煌的体育生涯对于莫慧兰来说只是人生的一部分，她的人生更是在不断挑战自我。

大多数体操运动员都是从娃娃时期开始练起，莫慧兰也不例外。看见李宁在 1984 年洛杉矶奥运会夺冠的画面，5 岁的莫慧兰萌发了学习体操的念头。"在电视上看到李宁，我觉得他很英勇，然后就跟我爸爸说想学体操。"莫慧兰回忆道。那时，正是全民体操热潮最盛的时候，桂林体操学校也在招生，招生的教师夸莫慧兰的身材和体型适合学习体操，于是父亲给她报了名。

然而，艰苦的训练让这群体操娃娃感到"害怕"，其中也包括莫慧兰。当时，莫慧兰会和队友们一起逃练，从体校偷偷跑回家。"那时没有参加过什么比赛，或者说在比赛当中没有拿成绩的时候，看不到希望，也觉得没有什么意思，太枯燥了，所以就会有放弃的念头。"莫慧兰说。同时，体操训练对孩子的综合素质能力要求也非常高，"它需要你的平衡、协调、勇气，还有你的核心力量，以及控制身体的能力综合在一起"。赛场上一套体操动作是赛场下无数个动作的反复训练，这个过程对于孩子来说枯燥且艰苦。

逃跑后的莫慧兰总会被"抓"回来继续训练，无论是父母还是教练都认为莫慧兰在体操上是有天赋的，他们鼓励莫慧兰要坚持下去。此后，莫慧兰再也不想逃跑的事情了，而是更加严格要求自己，努力坚持练习体操，慢慢体会到了不放弃的体育精神。

在日积月累的训练下，教练对有着体操天赋的莫慧兰寄予厚望，让她练习一个女子高低杠比赛中史无前例的动作——"向前空翻一周半越杠"。这个动作源于男子体操的单杠项目，但放在女子高低杠比赛上难度是极高的。莫慧兰解释说："相对来说，女孩子能力、体力还有力量都比男孩子要弱一些，男孩子在单杠上翻的时候，速度是不受限的，但是女孩子在高低杠上速度受到限制。"两个杠杆跨越时，速度会下降，这时需要女运动员依靠技术、力量及能力去克服重力阻碍。刚练这个动作时，莫慧兰很难保证每次训练都能顺利完成，从高低杠上重重摔下来成了训练中的家常便饭。"为了这个动作，我当时指甲磕翻很多次，牙齿也磕掉了。"虽然现在聊到这段经历时，莫慧兰表现得很淡定，但当时的那段经历对于她来说却是最煎熬的。"那个时候，教练也会鼓励我，说这个动作独一无二，没有人去做，现在要是放弃了，之前的努力就前功尽弃了。"教练的话一直回荡在莫慧兰耳边，成了她坚持下去的动力。

有时候，成功与否就在于人是否能坚持下去，而莫慧兰做到了这一点。1994 年世界体操锦标赛上,"向前空翻一周半越杠"惊艳世界并亮相随后的亚运会、奥运会,莫慧兰为中国队斩获多枚金牌的同时,也拥有了以自己名字命名的"莫氏空翻"。

莫慧兰用辛苦的付出换来自己一次次走向领奖台的光荣时刻,"走上领奖台的时候,我特别高兴和自信,自己能多次站上领奖台是一件非常自豪的事情"。退役后,她凭着自己不服输的劲,向其他领域发起挑战,拥有了不同的身份标签。

退役之后,莫慧兰将一切"清零",选择进入中国人民大学新闻传媒专业学习,她希望可以弥补自己丢失的校园时光。"记者这个行业跟教练、运动员一直打交道,我觉得可以延续这种体育情缘,所以选择了学新闻。"由于长年待在体操队,退役后的莫慧兰面临如何融入新环境的挑战。"做运动不用去考虑太多,更专注于训练及比赛,但是你真正工作了之后,除专注于自己的工作以外,还需要处理各种人际关系。工作与体育一样,必须在这个行业扎根去学习,去钻研。"莫慧兰分享道。

成为一位母亲后,莫慧兰对孩子的体育启蒙尤为上心,她会让孩子尝试很多的体育项目,"让孩子从小对体育有一个认知,养成一个好的习惯,一直把体育延续到他的生命当中去"。让孩子阳光快乐、拥有健康体魄是她一直希望的,尽管莫慧兰取得了非凡的成绩,但是她很少会和孩子讲自己曾经的辉煌,而是叮嘱孩子成功需要日积月累的付出。

思政价值点

1. 莫慧兰从一开始练习体操到最终进入国家队,成长为"体操皇后"的经历真实地反映了她不屈不挠的意志品质。曾经的她,也因受不了体操训练的严酷而想要半途而废;曾经的她,也因练习"莫氏空翻"而几欲放弃。但良好的抗压能力、倔强的性格让她一步步走向体操生涯的顶峰。莫慧兰的人生经历告诉我们,只要有梦想、有目标,我们就能不断超越自我,迎接更加美好的未来。

2. 退出体坛之后,莫慧兰就读于中国人民大学新闻系。丰富多彩的大学生活让莫慧兰把自己的人生积淀得更加厚实,也让她找准了自己的定位。不管在什么阶段,莫慧兰始终以一种学习的态度不断要求自己进步,轻松平和的心态和踏实进取的人生观让她最终创造了人生的辉煌。